O HOMEM
MAIS RICO DO MUNDO

TÍTULO ORIGINAL *El hombre más rico del mundo*
© 2018 by Rafael Vídac
© 2019 VR Editora

Latitude é o selo de aperfeiçoamento pessoal da VR Editora

DIREÇÃO EDITORIAL Marco Garcia
EDIÇÃO Fabrício Valério
EDITORA-ASSISTENTE Marcia Alves
PREPARAÇÃO Madrigais Produções Editoriais
REVISÃO Luciana Gomide
PROJETO GRÁFICO Cecilia Aranda
DIAGRAMAÇÃO Balão Editorial
PROJETO DE CAPA Luis Tinoco
FOTO DE CAPA SFIO CRACHO/Shutterstock.com
ANDREY BAYDA/Shutterstock.com
SUSII/Shutterstock.com

Dados Internacionais de Catalogação na Publicação (CIP)
(Câmara Brasileira do Livro, SP, Brasil)

Vídac, Rafael
O homem mais rico do mundo / Rafael Vídac; tradução Ricardo Giassetti. – São Paulo: VR Editora, 2019. – (Latitude)

Título original: *El hombre más rico del mundo*

ISBN 978-85-507-0280-3

1. Autoajuda 2. Autorrealização (Psicologia) I. Título. II. Série.

19-27844   CDD-158.1

Índices para catálogo sistemático:

1. Autorrealização: Psicologia 158.1
Cibele Maria Dias - Bibliotecária - CRB-8/9427

Todos os direitos desta edição reservados à
VR EDITORA S.A.
Rua Cel. Lisboa, 989 | Vila Mariana
CEP 04020-041 | São Paulo | SP
Tel.| Fax: (+55 11) 4612-2866
vreditoras.com.br | editoras@vreditoras.com.br

O HOMEM
MAIS RICO DO MUNDO

RAFAEL VÍDAC

Tradução
Ricardo Giassetti

SUMÁRIO

PRÓLOGO. LUCIDEZ E GENEROSIDADE 7

PREFÁCIO 15

CAPÍTULO 1. O CARTÃO 19

CAPÍTULO 2. RAIO X DE UMA CRISE 31

CAPÍTULO 3. RIQUEZA 55

CAPÍTULO 4. CONFIANÇA 77

CAPÍTULO 5. CUIDANDO DO ANIMAL 93

CAPÍTULO 6. QUESTÃO DE HÁBITO 111

CAPÍTULO 7. O DEMÔNIO 123

CAPÍTULO 8. UMA EXPLOSÃO CONTROLADA 139

CAPÍTULO 9. AUTOCONFIANÇA 155

CAPÍTULO 10. MEU AMOR 171

CAPÍTULO 11. VALORES 189

CAPÍTULO 12. CONCENTRAÇÃO 207

CAPÍTULO 13. OBJETIVOS 227

CAPÍTULO 14. OS EXTRAORDINÁRIOS 241

CAPÍTULO 15. O PLANO 263

CAPÍTULO 16. ATOS E SINAIS 279

CAPÍTULO 17. PARA O TOPO 295

CAPÍTULO 18. UMA FAMÍLIA 311

CAPÍTULO 19. UMA NOVA VIDA 333

EPÍLOGO 343

PRÓLOGO

LUCIDEZ E GENEROSIDADE

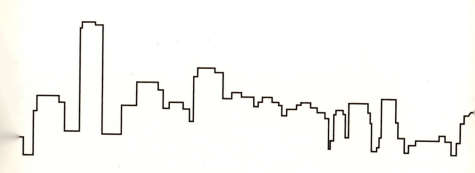

Este livro não está em suas mãos por acaso. Posso imaginar três motivos para isso. Primeiro, você faz parte das centenas de milhares de seguidores de Rafael Vídac nas redes sociais; segundo, alguém lhe recomendou que o lesse; ou, terceiro, você o ganhou de presente. Pode haver outras possibilidades, mas, seja como for, *O homem mais rico do mundo* está em suas mãos por causa da extraordinária lucidez do autor e de sua imensa generosidade. Se fosse preciso definir em palavras quais são, entre muitos, os valores que Rafael Vídac expressa com seu pensamento, com seu sentir, com seu viver sua obra, sem dúvida se destacariam, em primeiro lugar, lucidez – ou sabedoria – e, em segundo, generosidade – ou compromisso.

Lucidez e generosidade possuem um efeito evidente: não é por acaso que Rafael tem centenas de milhares de seguidores em suas redes sociais. Como se fosse um compromisso vital ou **um propósito** marcado a fogo em sua alma, ele compartilha com regularidade aforismos que contêm verdade, beleza, utilidade e sentido. A leitura de suas pérolas de sabedoria nos faz parar, refletir, sentir, admitir e aprender o ofício de viver. Entre seus muitos talentos, Rafael tem o dom da síntese. É capaz de expressar em pouquíssimas palavras máximas reveladoras, verdades dolorosas, provocações ao mesmo tempo gentis e contundentes, rupturas de falsas crenças, exercícios com um sentido comum tão profundo que poucas pessoas teriam a capacidade de fazer o que ele faz continuamente sem deixar de surpreender seus leitores.

Ler Rafael gera um despertar, uma abertura interior, um sorriso que vem do coração. Abrem-se caminhos, perspectivas, possibilidades, interpretações, sentidos. A cada dia, Rafael planta sementes de boa sorte por toda a parte e as oferece a quem as saiba valorizar. Ele é a prova de que sabedoria não tem a ver com idade, mas com maturidade da alma. Nesse sentido, apesar de jovem, Rafael é um homem sábio e de alma madura.

Sabedoria não é erudição. Não se chega a ela acumulando conhecimento, estudando certos autores profundamente ou memorizando bibliografias ou citações. Sabedoria não é mera informação, mas, em um nível mais básico, a consequência inevitável de uma reflexão serena, profunda e honesta sobre o que se viveu. Alimenta-se da sede de verdade e da vontade de compreender para compartilhar. Em um segundo nível, é o processo de transmutar o sofrimento e elevá-lo em amor e criatividade, entrega e benefício ao próximo. Em um nível mais profundo, a sabedoria emerge quando uma pessoa se despe de preconceitos, ideias herdadas, condicionamentos adquiridos e falsas crenças e se torna capaz de se conectar com seu "ser", seu *atma*, seu *self*, seu "centro", seu "eu superior" ou o que você quiser chamar de essência espiritual, inerente a todo ser humano. Capaz de se conectar com aquela parte divina em que existimos essencialmente, livre de dogmas e crenças impostas, além de vaidades, prisões, medos, egos; em que o que "somos" se manifesta sem filtros, primitivamente.

É este o presente que ele nos oferece. Nesta obra, Rafael apresenta um magnífico compêndio de sabedoria existencial em um formato agradável, de leitura fácil e envolvente; uma trama que nasce como a vida: de uma crise que é desafio e oportunidade, de um mestre que foi aluno e deseja compartilhar, pois isso é o que dá sentido a sua existência, de uma jornada exterior que é, na verdade, interior. É uma jornada sobre os valores que constituem a verdadeira riqueza: crença, compromisso, responsabilidade, coragem, propósito, humildade, entrega, cooperação e muito mais. Nessa viagem também aprendemos como novos hábitos são formados, como é possível mudar a forma como enxergamos a nós mesmos, os outros e a vida. Tudo isso revela uma grande verdade: nós acreditamos naquilo que criamos. Uma viagem que nos ensina a melhorar nossa autoestima, nossa autoimagem e nosso autoconceito e a priorizar valores e objetivos. Uma viagem em que o denominador comum, sem dúvida, é o Amor. Com A maiúsculo: Amor à vida. Porque na realidade é isso o que Rafael é e o que se reflete em sua obra. É isso que está em suas brilhantes mensagens no Twitter e também na grandeza deste romance.

Desejo que você aproveite a leitura tanto quanto eu. Sugiro que leia com um lápis à mão, seja para destacar as estrelas de verdade que iluminam o papel e surgem das palavras de Rafael, seja para tomar notas que o ajudarão a crescer.

Há alguns anos, um querido amigo que já descansa em paz, Carlos Nessi, terapeuta brilhante, me disse em uma conversa: "Na verdade, Álex, o que você dá de si o torna mais rico". Essa maravilhosa frase, que me acompanha desde então, é também a essência de Rafael. Paradoxalmente, quem escreveu este belo livro, *O homem mais rico do mundo*, é rico porque se dá e se entrega. Eis aqui a coerência desta obra: quem a escreveu, Rafael, pela sua doação, é ao mesmo tempo autor e merecedor desse predicado.

Obrigado de coração, Rafael.

Boa leitura, boa vida e boa sorte.

Álex Rovira
www.alexrovira.com

PREFÁCIO

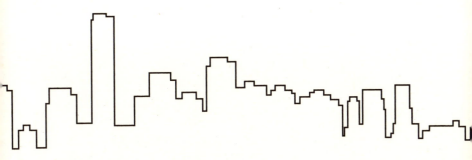

Sei que já está quase na hora de ela se levantar, mas saio da cama com cuidado para não a despertar. A manhã de um novo dia atravessa a janela entreaberta e me demoro alguns instantes para observar sua respiração tranquila.

"O grandalhão estava certo", penso com **gratidão**. "Damos mais valor ao que é importante em nossa vida quando já não temos mais... ou quando acreditamos que tudo está perdido."

Entro no banheiro sem fazer barulho. Depois de molhar o rosto, fixo o olhar em meu reflexo no espelho e faço uma rápida revisão dos últimos anos de minha vida. Sorrio para mim mesmo com um suspiro de satisfação.

– Você conseguiu, Nicolas – sussurro para o grande espelho dourado. – Nem em seus maiores devaneios você poderia imaginar que um dia seria tão imensamente rico.

CAPÍTULO 1

O CARTÃO

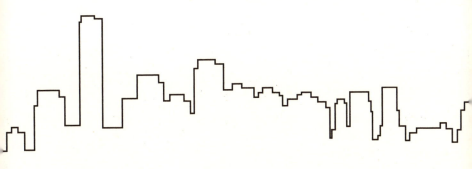

Minhas mãos suadas agarravam o volante enquanto eu espiava pela janela entreaberta do carro.

Do outro lado da rua, a porta do banco ainda estava fechada, mas em cinco minutos meu ex-chefe dobraria a esquina e a abriria.

Eu tinha absoluta certeza disso. Ao longo dos últimos anos, ele fazia isso todas as manhãs. Aquele imbecil vivia com a precisão de um relógio suíço, e eu sabia que isso era motivo de orgulho para ele.

Apertei ainda mais o volante e senti o couro ranger sob meus dedos. Meu pai sempre dizia que não era bom tomar decisões importantes de cabeça quente. Era engraçado lembrar disso exatamente naquele momento. No fundo, o fato de eu ter desperdiçado grande parte da minha vida trabalhando naquele banco era culpa dele. Por isso, cabeça quente ou não, aquele era um momento como qualquer outro para fazer uma última visita à agência.

Peguei a garrafa que estava entre minhas pernas e tomei um bom gole. Alguns meses antes eu jamais imaginaria beber gim puro, e foi uma surpresa ver como a água tônica podia ser dispensada tão facilmente.

Olhei de relance o relógio no painel do carro. Faltavam menos de quatro minutos.

Nada me impediria.

Assim que o idiota saísse do carro, eu o agarraria pelo colarinho e entraríamos os dois na agência. Ele jamais esperaria algo assim, e seria um prazer ver a cara dele.

Então eu faria algumas perguntinhas. Acima de tudo, ele teria de me explicar o motivo da minha demissão. Eu entenderia se estivessem fechando a agência, claro – consequência da maldita crise que acabava com tudo. Mas o que não entrava na minha cabeça, o que eu era incapaz de entender é como podiam dispensar meus serviços depois de tantos anos dando o sangue por aquele banco. A demissão foi algo completamente inesperado, sem que ninguém me olhasse nos olhos e me desse ao menos uma justificativa.

Talvez assim ele se dignasse a ter mais consideração por um homem e me explicasse o que eu deveria fazer agora, sem trabalho, **sem futuro** e... sem esposa.

A lembrança da expressão de Sara, algo entre decepção e pena, ainda me torturava. De certa forma, eu conseguia entendê-la. Não devia ser fácil viver com um bêbado inútil e sem futuro.

Uma jovem corredora passou a poucos metros do carro e me olhou com uma expressão receosa. Pelo retrovisor, a observei se afastar e soltei ruidosamente o ar que a tensão me havia feito segurar. Encontrei meu próprio rosto, abatido e suado, refletido no pequeno espelho.

— Não é surpresa que se assustem, Nicolas — disse com amargura ao retrovisor, antes de levar novamente a garrafa aos lábios.

Menos de três minutos.

Percebi meu pulso descontrolado na base do pescoço e meu estômago contraído.

Olhei novamente para a porta. Sempre me pareceu uma entrada comum demais para a agência central do banco. Todas as agências tinham o mesmo tipo de porta. Fiquei imaginando se aquilo era alguma estratégia ou simplesmente desleixo. Sem dúvida era a primeira opção, já que o banco sempre se importou muito com sua imagem. Me lembrei da eterna gravata, do sorriso forçado, da gentileza obrigatória.

Uma mentira atrás da outra.

Uma nova onda de raiva atravessou meu estômago.

Alguém virou a esquina em direção à porta com o passo decidido.

— Lá está ele. — Olhei de relance o relógio do carro. Faltava um minuto. Sem dúvida, estava atrasado.

Dei um último gole na garrafa de Hendrick's e pus a mão na maçaneta do carro.

Nada me impediria.

O homem de terno e gravata parou na entrada e tirou um molho de chaves do bolso.

— Com licença!

Um casal de idosos atravessava a rua lentamente, fazendo gestos para chamar a atenção do meu ex-chefe.

— Com licença, senhor! Queremos fazer uma pergunta!

— Desculpem, mas a agência só abre em meia hora. Se puderem voltar mais tarde, será um prazer atendê-los.

— Meu neto me disse ontem que vocês nos enganaram! — começou o idoso, claramente indignado. — Disse que vocês roubaram nossa poupança!

– Olha, acho que o senhor está mal informado. Nós não roubamos nada. Por favor, voltem um pouquinho mais tarde e expli...

– Ladrões! É a poupança que juntamos a vida toda! Devolvam nosso dinheiro!

A senhora tentava conter seu marido, segurando-o pelo braço e murmurando algo que não consegui ouvir.

Meu ex-chefe voltou a se concentrar na fechadura, balançando a cabeça como quem faz um esforço de paciência infinita. Depois de um tilintar de chaves e de um estalo metálico, abriu a porta, entrou e voltou a fechá-la, bem quando o casal conseguiu alcançá-lo.

Fechei a porta do carro discretamente, com o coração acelerado e a camisa encharcada de suor. Vi a senhora tentando levar seu furioso marido para longe dali enquanto o reconfortava dizendo que tudo daria certo.

Mas nada daria certo.

Eu sabia muito bem. Conhecia os produtos que oferecíamos aos clientes, e alguns eram tão somente calotes disfarçados. Aquele casal não recuperaria seu dinheiro. Talvez, com sorte, em dez anos... se ainda estivessem vivos.

"**Minha vida toda é uma mentira.**"

Aquele pensamento insistente e doloroso martelava em minha cabeça. Tentei me concentrar em outra coisa, me tranquilizar e respirar calmamente. Voltaria no dia seguinte, e aí, sim, agarraria esse ladrão, esse...

Então me dei conta.

Não foi um pensamento, mas uma sensação súbita e carregada de certeza de que eu não seria capaz de colocar meu plano em prática. De certo modo, ele seria uma agressão contra mim mesmo.

Afundei meu rosto entre as mãos e desatei a chorar.

•••

Um ruído doloroso e insistente me obrigou a abrir parcialmente os olhos. A luz do entardecer e o barulho do trânsito me lembraram que, inexplicavelmente, a vida continuava lá fora.

Lembrei-me também de que não estava mais na ampla sala do meu luxuoso duplex, mas em uma modesta república de estudantes onde, a duras penas, eu pagava o aluguel de um quarto.

Pensar naquilo tudo não me interessava, então voltei a me afundar lentamente na doce penumbra... Foi quando o zumbido voltou a atravessar meu cérebro e me fez saltar do sofá. O movimento brusco foi um erro grave. Uma dor lancinante tomou conta da minha cabeça, lembrando-me de que o sofrimento também continuava ali.

Vasculhei entre o caos de garrafas e copos da pequena mesa de centro e suspirei com certo alívio: ainda restava uma dose do infalível remédio para ressaca.

Depois de um gole generoso, olhei para a porta. O ruído vinha do interfone. Alguém na rua havia chamado, mas se cansou de insistir.

Olhei para a porta do quarto do rapaz que dividia o apartamento comigo e lembrei que ele tinha ido passar uns dias na casa de seus pais. Melhor assim. Era muito organizado e não gostaria de ver o estado em que a sala se encontrava.

Um novo ruído invadiu o ambiente. Dessa vez era a campainha do apartamento. Quem quer que fosse, conseguiu entrar no prédio e parecia decidido a me torturar. Levantei-me pesadamente do sofá e, furioso, descobri que estava sem calça. Fiquei imóvel por alguns instantes, tentando decidir se abria a porta como estava, se procurava minha calça ou se enterrava novamente a cabeça entre as almofadas e esperava aquele inferno acabar.

A campainha tocou novamente. Duas vezes.

– Mas será possível? – Atravessei a sala irritado até a porta. – Quem é?

– Senhor Sanz? Tenho uma entrega para o senhor.

Hesitei tentando me lembrar se havia encomendado algo e considerei a possibilidade de ter feito alguma compra pela internet no meio da bebedeira.

– Senhor? – Alguém insistia do outro lado.

– Pelo amor de Deus! Seja o que for, deixa aí na porta!

– Perdão, Nicolas. Tenho que entregar pessoalmente.

Pude notar a determinação em sua voz. Quem quer que fosse, não iria embora facilmente. Suspirei e espiei pelo olho mágico. Um sujeito baixinho, com óculos de hastes grossas, sorria para mim do outro lado.

– Abre, Nicolas. É só um minutinho.

A estranha intimidade daquele estranho com aspecto *nerd* me irritou ainda mais. Destranquei e abri a porta de supetão. O desconhecido me observou cuidadosamente de cima a baixo, mas não pareceu surpreso em me ver só de cueca.

Para falar a verdade, ele parecia estranhamente... feliz.

Eu o olhava fixamente enquanto meu cérebro desidratado tentava encontrar palavras. O sujeito enfiou a mão no bolso interno do casaco, tirou um pequeno cartão de visitas e me entregou, alargando o sorriso um pouco mais.

— Me ligue quanto antes. Será uma das melhores decisões da sua vida.

Mudo de surpresa, olhei em seus olhos. Não só parecia estar de bom humor como também havia certa compaixão em seu olhar.

Aquilo já era demais. Bati a porta com toda força.

CAPÍTULO 2

RAIO X DE UMA CRISE

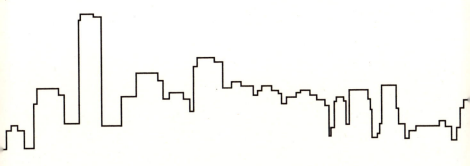

Do canto onde eu estava, observei o lugar, aborrecido. Era uma da tarde, mas naquele *pub* irlandês sempre reinava uma suave penumbra. Uma tela grande transmitia o canal de esportes, e uma garçonete ruiva esfregava sem muita vontade o chão atrás do balcão.

Como de costume, àquela hora do dia não havia mais ninguém ali. Exatamente o que eu precisava. O lugar sombrio, o tapete surrado e a cerveja pareciam apropriados ao meu estado de espírito.

Semanas antes, eu deixava meu pequeno quarto a essa hora do dia para visitar empresas onde achava possível conseguir trabalho. Procurava lugares onde dessem o devido valor à minha ampla experiência no setor bancário. Ou, pelo menos, valor suficiente para desconsiderarem minha precária formação.

As entrevistas surgiram. O tempo foi passando. A maioria seguia um roteiro parecido, mas todas terminavam com a mesma frase: "Desculpe, mas o senhor não tem o perfil adequado para a vaga".

Meu perfil...

Não havia dúvida de que aquele bar onde eu estava era perfeitamente adequado ao meu perfil. Tanto que acabei chegando à conclusão de que teria a mesma possibilidade de sucesso percorrendo a cidade inutilmente ou bebendo cerveja ali.

Tomei o último gole da segunda cerveja e contive o impulso de tirar o celular do bolso. Eu havia descoberto uma nova forma de me torturar – olhar fotos antigas da minha esposa –, mas ainda precisava de um pouco mais de álcool para recomeçar o ritual de chorar pelo que havia perdido.

A porta do *pub* se abriu e uma pessoa entrou. Era um sujeito imenso. Cruzou o salão com passos firmes e ágeis, como um jogador de basquete vestindo Armani.

Observei-o com atenção. O recém-chegado exalava confiança com seu corpo ereto, sua cabeça erguida e olhar de gente importante. Por algum motivo, pensei que alguém como ele não teria problemas para encontrar emprego.

Passou pela garçonete, que havia parado de esfregar o chão e o admirava boquiaberta. Ele a olhou rapidamente e lhe dirigiu um ligeiro sorriso, o que a fez voltar ao esfregão em um ritmo frenético, corada até as orelhas.

O homenzarrão continuou seu caminho e atravessou o salão em minha direção. Observei seu rosto e tive a estranha impressão de conhecê-lo de algum lugar: loiro grisalho, rosto bronzeado, queixo forte, meia-idade. Era daqueles que aparentam ser mais novos do que realmente são.

Quando me dei conta, já estava parado a poucos metros da minha mesa. Me olhou fixamente sem dizer uma palavra.

Se eu havia aprendido algo com o trabalho que perdi era a habilidade de decifrar pessoas pela aparência. Continuei a observá-lo de cima a baixo. Com certeza não era uma pessoa comum.

Quem era ele?

– Olá, Nicolas! – Ele me cumprimentou com uma voz que ressoou pelo local. – Não se lembra de mim?

Era a segunda vez na mesma semana que um desconhecido me tratava pelo meu primeiro nome. Antes de perguntar de onde o conhecia, me lembrei.

Eu já tinha visto aquele cara antes.

• • •

Foi em uma manhã chuvosa. Eu tinha acabado de sair de um trânsito dos infernos, chegando atrasado ao aeroporto e de péssimo humor. Nunca gostei muito de viajar, principalmente a trabalho, e ainda mais quando o trabalho invadia o fim de semana.

Enquanto eu corria pelos intermináveis corredores, ouvia meu nome ressoar pelos alto-falantes, que requisitavam minha presença com uma ameaçadora "última chamada". Apressei o passo ainda mais, sem deixar de praguejar. Eu sabia que perder aquele voo traria uma série de complicações que transformariam os próximos dias em algo que eu gostaria muito de esquecer.

Quando enfim cheguei ao portão de embarque, uma única comissária me esperava com cara de poucos amigos. Sorri aliviado por chegar a tempo.

Então, quando eu ia entregar minha passagem, um tumulto começou na sala de espera, a poucos metros.

Ouviu-se um grito abafado, e várias pessoas se levantaram assustadas de suas cadeiras e cercaram um homem que desfalecera e havia caído ao chão.

Não sei se a comissária viu a cena, mas quando me dei conta já estava correndo para a sala de espera, dando meu voo por perdido.

Abri espaço como pude entre a multidão de curiosos e fui até o sujeito caído. Seu rosto estava retorcido de dor. Sua mão agarrava o peito com um desespero incontido.

– O que aconteceu? – perguntei só por perguntar, pois estava claro que era um problema cardíaco.

O homem fechou os olhos com força e cerrou o maxilar.

– Alguém já chamou um médico? – gritei a esmo, cada vez mais nervoso.

– O senhor... não é médico? – alguém atrás de mim sussurrou.

Eu não era. Mesmo assim, não perdi tempo com explicações inúteis. Desabotoei o colarinho do pobre homem e ergui um pouco sua cabeça. O sujeito abriu os olhos por um momento e tive a impressão de que buscava uma pequena bolsa caída a seu lado. Balbuciou algo incompreensível e interpretei que precisava desesperadamente da bolsa. Abri e vasculhei até encontrar um pequeno frasco de comprimidos. Aflito, li seu rótulo e me lembrei que nitroglicerina era usada como vasodilatador em casos de angina.

Imediatamente peguei dois comprimidos e enfiei em sua boca.

Foi quando as pessoas se afastaram e surgiu ao meu lado um senhor com uma pequena maleta.

– O senhor é médico? – me perguntou enquanto tomava o pulso do homem caído de maneira profissional.

– Não. Mas acabei de lhe dar dois desses...

O médico olhou o frasco e assentiu com a cabeça. Pareceu aliviado. Então, sem fazer cerimônia, abriu mais a camisa do paciente.

– Fez bem – comentou rapidamente. – Muito bem! É provável que tenha salvado a vida dele. Agora, por favor, abram espaço!

Alguns funcionários trouxeram uma maca, colocaram o senhor nela e o levaram rapidamente, enquanto o velho médico os seguia.

Voltei ao portão de embarque, ainda bastante chocado e com as palavras do médico ecoando em minha cabeça. Não me surpreendi ao encontrar a porta fechada.

— Bravo! — um homem exclamou com genuína admiração.

Era um sujeito enorme, loiro, com barba por fazer. Estava encostado na pequena bancada da companhia aérea onde os funcionários analisam os documentos dos passageiros. Ele me olhava com um sorriso de orelha a orelha. A seu lado, alguém conversava pelo celular, de maneira discreta, mas enfática.

— Vi o que você fez e quero dizer que... foi incrível!

— Obrigado — murmurei, sem saber como responder ao inesperado cumprimento. — Pensei que... era o que devia ser feito.

— Pensou, é? Bom, meus amigos e eu vimos tudo — explicou e mostrou um grupo composto de cerca de dez pessoas que aguardavam, ansiosas, a poucos metros.

Todas tinham o rosto bronzeado e aspecto desalinhado. A maioria carregava grandes mochilas para trilha. Me observavam em silêncio, com uma expressão ao mesmo tempo curiosa e divertida.

— Chegamos à conclusão de que, na verdade, você seguiu seu coração. Algo que não é muito comum, sabe?

– Talvez eu devesse ter pensado melhor – e apontei para o portão de embarque fechado, já de volta ao meu pessimismo. – Perdi meu voo... e talvez meu emprego.

O estranho então olhou para um de seus companheiros, que respondeu com um breve sinal afirmativo, depois de desligar o celular com uma expressão satisfeita.

– Não se preocupe, está tudo resolvido – me assegurou, enquanto apertava forte minha mão e me desnudava com o olhar. De fato aquele estranho me fazia sentir como se eu estivesse nu, como se ele pudesse ver meu interior claramente.

– Foi um prazer conhecê-lo. Se eu puder dar um conselho... Acredite: toda nuvem passa, por maior e mais escura que seja. Aconteça o que acontecer, mantenha a esperança.

Assim, sem mais, ele e sua comitiva se foram, conversando animadamente pelo corredor do terminal.

Eu ainda os observava quando alguém abriu de repente a porta de embarque pela parte de dentro.

Era a comissária de bordo.

– Senhor Sanz? Sinto muito pelo incômodo. Estávamos... esperando o senhor. Ainda deseja embarcar?

...

— Me lembro de você — respondi. — Do aeroporto. Graças à sua ajuda, não perdi aquele voo.

— Me desculpe se o assustei com minha impulsividade, mas há tempos me guio apenas pela minha intuição. Confesso que às vezes nem mesmo eu entendo, mas a verdade é que ela nunca falha.

Olhei para ele sem saber o que dizer.

— Bem, agora você está com uma aparência mais civilizada — comentei, só para dizer algo.

Ele soltou uma estrondosa gargalhada e me estendeu sua mão enorme:

— Meu nome é Daniel. Daniel Wheelock.

Apertei sua mão sem dizer nada. Uma parte de mim se perguntava se ele não era louco, mas outra me dizia para confiar nele. Me deixei levar por sua cordialidade e com um gesto o convidei para se sentar.

— Obrigado, Nicolas — agradeceu ele, acomodando-se e me olhando nos olhos.

Novamente me veio a forte impressão de estar completamente desnudo diante daquele sujeito. Era uma sensação realmente estranha!

– Você deve estar se perguntando como sei seu nome... e a explicação é simples: andei investigando você – confessou, erguendo as mãos como que pedindo desculpas.

Na verdade, eu estava apenas curioso. Por que alguém investigaria minha vida miserável?

– Sei que está passando por momentos difíceis – continuou. – Provavelmente, os momentos mais difíceis da sua vida. Sei que foi demitido, que há vários meses procura outro emprego e que perdeu as esperanças. Sei também que sua mulher o deixou. E que já faz algum tempo que sua cabeça anda cheia de perguntas. Perguntas que você tem pânico de responder e das quais não pode escapar, não importa quanto beba.

Olhei para ele desconcertado, sem conseguir entender como podia saber tanta coisa. Pensei em fugir imediatamente, ou talvez pedir que fosse embora e me deixasse sozinho. No mínimo, devia ter ficado furioso e gritado para que cuidasse da própria vida e me deixasse em paz com meus problemas.

Mas a verdade é que não tive esse ímpeto. Por mais estranha que fosse aquela situação, reconheci que o fato de conversar com alguém que me entendia me dava certo alívio.

– Quem é você e o que quer de mim? – perguntei com certa rispidez.

– Respondendo à sua primeira pergunta, diria que sou um investidor parcialmente aposentado. Atualmente me dedico a descobrir projetos empresariais que possam trazer benefícios reais à sociedade e também pessoas que possam fazer isso usando suas faculdades potenciais.

– Desculpe, mas acho que não entendi – passei o olhar pelo bar. A ruiva nos observava, agora secando canecas e copos. Eu precisava imediatamente de uma bebida mais forte que cerveja irlandesa. – Faculdades? – perguntei. – Para ser sincero, não sei do que você está falando e não sei se quero saber.

– Qualidades humanas, Nicolas. Empatia, criatividade, perseverança, determinação, paciência, magnetismo, intuição, sabedoria... e muitas outras! Elas são o verdadeiro motor do progresso. E digo mais: nossas qualidades são o patrimônio mais valioso que existe! Faz tempo que decidi investir meus recursos para descobrir e ajudar pessoas que estão prontas para oferecer ao mundo suas faculdades.

Eu tinha que reconhecer que o grandalhão falava com muito entusiasmo. Mesmo assim, ainda não entendia o que eu tinha a ver com toda aquela história. De repente senti o impulso de sair dali e fazer algo que me desse a sensação de não estar perdendo tempo.

— Seu projeto é muito interessante — eu disse, enquanto me levantava na intenção de sair à rua e me afastar o máximo possível daquele estranho. — Mas, sem querer ofender, não estou no meu melhor momento e tenho muito o que fazer.

— Perfeito, porque isso me leva à sua segunda pergunta — continuou, sem se mover um centímetro na cadeira ou perder um milésimo de seu entusiasmo. — Vim lhe fazer uma oferta.

Aquilo era novidade. Passei meses ouvindo recusas e negativas, então quase não acreditei em alguém me oferecendo algo.

— Que tipo de oferta? — perguntei, sem esconder certo receio.

— Trabalho, Nicolas. Uma nova forma de ganhar a vida.

Fiquei olhando-o em silêncio por alguns segundos. Então fiz um gesto para que a garçonete se aproximasse.

Eu definitivamente precisava de uma bebida.

•••

– Vou beber o de sempre. E para o senhor...

– Água mineral, por favor – respondeu Daniel, sorrindo amavelmente para a jovem.

– De que se trata esse trabalho? – indaguei.

– A verdade é que ainda não sabemos. Como lhe disse, tenho contato com muitas empresas em vários países. Posso oferecer diversos tipos de trabalho, mas é você quem decidirá qual tem mais a ver com suas preferências.

– Mas por que eu? Com certeza você encontraria facilmente alguém mais adequado. Dediquei minha vida a uma empresa que agora me trata como lixo. Não tenho formação acadêmica e toda minha experiência se resume a gestão de uma agência bancária.

Daniel me olhava com completa atenção.

– Ouça o que está dizendo, Nicolas. Estou lhe oferecendo um trabalho, **uma oportunidade**! Sua resposta é vitimista e desconfiada. Talvez você ainda não entenda porque está cego.

Olhei para ele, perplexo. Será que me insultava de maneira sutil?

– Cego? – repeti com um riso forçado. – E posso saber quem ou o que me deixou cego?

– Obviamente seu estado emocional. Você vê a vida através de lentes que só mostram dor e angústia. É compreensível. A crise existencial que você está vivendo e as emoções dolorosas que dominam seu corpo e sua mente o impedem de apreciar o que realmente acontece a seu redor. Ou seja, suas emoções o cegam. Isso é comum em períodos de crise, e faz com que a dor se prolongue muito mais que o necessário.

– Ultimamente ando bastante... negativo – reconheci. – Mas, mesmo assim, eu não sei quem você é! Continuo achando sensato querer saber a razão da sua oferta.

– As melhores oportunidades se perdem por culpa da "sensatez" – rebateu o homenzarrão depois de dar um gole na água mineral que acabara de ser servida. – Na verdade, você não precisa de mais informações para se dar conta da oportunidade que estou lhe oferecendo. O importante não é o que acontece com você, mas o que você faz com o que acontece com você. Insisto: você está cego. É fundamental você entender isso!

E continuou, antes que eu pudesse dizer qualquer coisa:

– De qualquer modo, responderei à sua pergunta. Como lhe falei, sou investidor. Invisto em ativos humanos. Dos bilhões de pessoas que povoam este mundo, me interessam principalmente aquelas que se encontram em estado de eclosão.

— Ou seja, além de cego, eu também estou prestes a sair de um ovo.

Daniel soltou uma estrondosa gargalhada.

— É só uma metáfora. As crises são períodos dolorosos de mudança. Podem ser bem ou mal aproveitadas, mas quem passa por elas tem a chance de dar um passo importante em seu desenvolvimento pessoal e melhorar sua condição de vida.

"Independentemente do tipo de dificuldade que apareça", continuou, "todas as crises seguem uma série de etapas no campo psicológico da pessoa. Essas etapas podem se prolongar por mais ou menos tempo, mas são sempre seguidas de um 'despertar', ou seja, de um aprimoramento das qualidades pessoais".

— Tá... então tem etapas e tal... — comentei com certo sarcasmo.

— Isso mesmo. Acho que saber mais sobre o assunto será útil para você. Me permita explicar. O primeiro estágio de uma crise é a ignorância. Isso pode ser resumido com a frase "Estou mal, mas não estou consciente disso". Essa é geralmente a etapa mais longa. O segundo estágio é a deriva. A pessoa diz a si mesma coisas como "Sei que estou mal, mas não sei o que quero".

– Garanto que sei o que quero – interrompi.

– Fantástico! Então você vai gostar da próxima etapa, que chamo de utopia. Nela, o pensamento dominante é: "Sei o que quero, mas não sei como conseguir". No entanto, é somente mais um passo até o próximo conflito no processo: a paralisia. Nessa quarta fase, a pessoa sabe o que quer e tem consciência dos passos que precisa dar para conseguir. Apesar disso, não é capaz de passar à ação, e isso gera sofrimento e frustração.

E prosseguiu:

– Se conseguir superar essa dificuldade e se colocar em movimento, mais cedo ou mais tarde chegará à última fase de toda crise, a de resistência. Nela, o indivíduo já passou à ação e persegue seus objetivos. Mesmo assim, por algum motivo, conhecido ou não, não os alcança. Vencida a última etapa, a pessoa é capaz de realizar o que antes era somente um projeto em sua mente. Materializou seu objetivo e, durante o processo, se transformou em um indivíduo mais habilidoso e poderoso. Em outras palavras, algumas de suas faculdades potenciais eclodiram.

Ouvi tudo com mais atenção do que queria demonstrar. Admito que era interessante.

– Está certo. Agora entendo a questão do ovo. Mas repito a pergunta: "Por que eu?". Sem dúvida há muitas outras pessoas em dificuldade.

– Certo. Em primeiro lugar, porque sou capaz de reconhecer uma pessoa que já passou desse estágio de sofrimento. Vi como você se comportou no aeroporto, tirando todas as dúvidas de sua mente em uma situação limite e agindo com uma determinação que só pode vir da compaixão. Seu sofrimento atual não importa. Vejo alguém com uma série de habilidades que podem ser muito úteis para os outros. É por isso que poderia fazer parte da minha equipe.

Eu ainda tinha muitas dúvidas, mas não o interrompi.

– Por outro lado, nem todo mundo tem a mesma reação diante de uma grave crise pessoal. Muitos cedem às suas emoções mais sombrias e cometem erros que só prolongam e pioram essa fase. No entanto, você passou por um teste importante e conseguiu enxergar além de sua raiva. Ainda que tenha sido um lampejo, foi suficiente para compreender que você é o responsável pelo acontece em sua vida.

Parei o copo de gim na metade do caminho até meus lábios.

— O que quer dizer com isso? — perguntei com desconfiança.

— Acho que você sabe do que estou falando. Você decidiu não fazer nenhuma besteira naquela manhã em que ficou esperando seu antigo chefe.

— Como você sabe...? — murmurei notando minha pulsação acelerar. Comecei a ter um pouco de medo daquele sujeito.

— Está tudo bem, Nicolas. Nós o observamos por alguns dias. Eu precisava saber que caminho você escolheria antes de fazer minha oferta. Garanto que foi uma alegria ver que escolheu o caminho mais fácil.

Olhei para ele desconfiado, coçando minha barba por fazer. Aquela era uma situação extremamente estranha. Estava me vigiando? Logo eu? Novamente, o medi de cima a baixo, tentando em vão captar algum sinal que me desse mais informações.

— Sabe de uma coisa? As escolhas são os tijolos com os quais construímos nossa vida. Por mais que você tente se esconder em lugares como este, deve continuar construindo. Sua última escolha foi acertada, mas agora você deve fazer outra que vai determinar como será o restante dos seus dias. Confiar em um desconhecido como eu... ou seguir seu próprio caminho. A decisão é sua, como sempre.

— Está bem — suspirei. — Vamos supor que sua oferta me interesse. Quais são... as condições?

Daniel sorriu como uma criança a quem acabam de oferecer um doce.

— É muito simples. **Você passará por um período de treinamento.** Quando acabar, decidirá que tipo de trabalho prefere, ou pode até mesmo recusar a oferta se quiser.

— Mas isso não faz sentido. O que você ganharia se eu decidisse não trabalhar para você?

— Além da satisfação pessoal de ajudar alguém a sair de seu próprio abismo? O prazer de saber que existe uma pessoa a mais no mundo que alcançou a verdadeira riqueza.

Arregalei os olhos de surpresa. Riqueza? Do que diabos ele estava falando? E por que estava tão interessado em mim, de uma forma tão absurda?

— Por outro lado — acrescentou —, você terá que confiar em mim, Nicolas. Essa é a condição mais importante. Eu me encarregarei pessoalmente da maior parte de seu treinamento, mas é fundamental que você siga minhas orientações, mesmo que não as entenda, inclusive se não concordar com elas.

"Saiba que conheço o estado interior em que você se encontra, pois eu mesmo passei por isso. Em uma fase de minha vida experimentei a terrível dor da perda e também passei um tempo cego. Graças a essa experiência sei exatamente pelo que você está passando agora. Essa é minha motivação principal em ajudá-lo. No entanto, nada disso será possível se você não decidir mudar sua situação atual e confiar em mim. Não é possível ajudar verdadeiramente quem não está disposto a se ajudar.

Dito isso, Daniel se levantou.

– Isso é tudo o que eu queria explicar – acrescentou. – Se decidir me dar a honra de caminhar ao meu lado por um tempo, estarei esperando você amanhã cedo, às sete, no aeroporto.

Com isso, deu meia-volta e se dirigiu para a saída.

– Espere um momento!

Daniel se virou, já na porta, e me olhou com as sobrancelhas arqueadas.

– Quanto tempo dura esse... treinamento? – Eu disse isso sem saber muito bem o que perguntar.

– Aproximadamente um ano. Mas não leve nenhuma bagagem. Isso é importante – enfatizou.

Saiu e desapareceu na rua.

CAPÍTULO 3

RIQUEZA

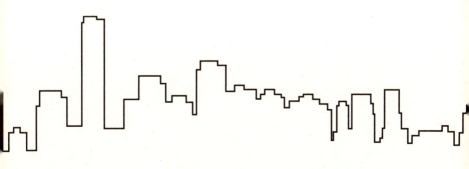

Fechei a mala e contemplei o pequeno quarto antes de sair. A cena era de um autêntico desastre. Com a obsessão por organização e limpeza do meu jovem companheiro de apartamento, era provável que, na volta, eu tivesse que procurar outro quarto para alugar.

Eu me lembrei do luxuoso duplex onde eu morava com minha esposa meses antes e suspirei alto na tentativa de não me entregar novamente à autopiedade.

Não consegui pregar o olho aquela noite, pensando no encontro com Daniel Wheelock. Havia procurado referências sobre ele na internet. Descobri que era muito rico. Simplesmente uma das cem pessoas mais ricas do planeta. Era dono de várias empresas em diferentes setores e considerado um dos mais perspicazes investidores da atualidade. Onde quer que atuasse, tinha sucesso com estranha facilidade, mesmo em projetos que ninguém mais teria coragem de apostar. Era chamado por alguns de "o milionário sem teto", pois não tinha residência fixa conhecida.

– Como pode não ter casa sendo tão rico? – murmurei para mim mesmo, hesitante em sair do quarto.

Não podia deixar de pensar no inesperado encontro do dia anterior e na proposta que o milionário me fizera. Era sem dúvida a oferta mais estranha que recebi em toda a minha vida, embora tivesse que reconhecer que não me sobravam oportunidades de trabalho na atual situação.

Para ser mais exato, eu estava desesperado.

"Um homem se dispõe a avançar quando a dor que o conhecido lhe causa é maior que o medo daquilo que ele desconhece." Eu tinha lido essa frase em algum lugar havia muito tempo. Na época não consegui entender seu significado, mas naquele momento a afirmação fazia total sentido.

Provavelmente eu já havia sentido dor suficiente, pois minha decisão estava tomada. Compreendi isso no meio da madrugada, enquanto a insônia me fazia rolar na cama.

Talvez o que tenha acontecido comigo, mesmo que eu não compreendesse, fosse uma oportunidade. Talvez tivesse chegado o momento de ir embora daquela cidade, arriscar e tentar algo diferente. Talvez...

Olhei o relógio no criado-mudo e topei com a foto das últimas férias com minha esposa. Obedecendo a um impulso, guardei a foto em minha pequena mala. Então fechei a porta e saí do apartamento.

• • •

O taxista já me esperava havia alguns minutos.

– Para o aeroporto – eu disse, dando a ele a mala.

Daniel fora muito claro sobre não levar bagagem, mas eu não conseguiria viajar sem algumas coisas essenciais, ainda mais com a possibilidade de ficar fora por um ano.

Um ano!

Suspirei, cada vez mais nervoso, ao chegar ao aeroporto. Tentei imaginar como seria o tal "treinamento" que eu deveria fazer para conseguir o trabalho. Testariam meus conhecimentos? Minha inteligência?

Já fazia uma vida desde que eu havia abandonado a faculdade, e àquela altura eu me sentia muito inseguro a respeito de qualquer curso, principalmente se eu tivesse que ser avaliado de alguma forma. Já não tinha mais idade para estudar.

– Onde quer que eu deixe o senhor? – o taxista perguntou.

Foi quando vi a colossal figura de Daniel, falando ao celular diante do portão do terminal.

– Bom dia, Nicolas! – ele exclamou. – Sabia que você conseguiria!

– Bem, vir até o aeroporto foi fácil... – meu cinismo era evidente quando ficava nervoso. Não conseguia evitar. Ainda assim, o homenzarrão não pareceu se ofender.

– Às vezes ações simples requerem decisões difíceis – respondeu com uma piscada.

O taxista me entregou a mala. De canto de olho, tentei observar a reação de Daniel, que sacou sua carteira e pagou o motorista sem nenhum comentário.

O movimento no aeroporto era frenético. Um fluxo incessante de viajantes passava por nós com suas malas, cruzando a porta do terminal.

– Daniel, posso saber para onde vamos?

– Claro que pode, mas seria melhor você não saber – se limitou a responder.

Naquele instante, uma luxuosa Mercedes parou à nossa frente e, para minha surpresa, entramos no veículo. O carro partiu silenciosamente, deixando o terminal para trás.

– Por que não posso saber para onde vamos? – perguntei, preocupado, olhando pelas janelas escurecidas do carro. Não estava entendendo nada. Tinha certeza de que pegaríamos um avião.

Naquele momento passamos em frente a um dos bares do aeroporto e me dei conta de que não tinha tomado nem um gole desde a noite anterior.

– Isso faz parte do... treinamento? – insisti.

– Bom, você pode enxergar dessa forma, se quiser – disse Daniel finalmente. – Você gosta de assumir o controle para compensar suas inseguranças, Nicolas. O controle é uma ferramenta útil, desde que você não se deixe governar por ele. É impossível controlar tudo na vida, como você mesmo comprovou ultimamente. Por isso, vai lhe fazer bem lembrar como é caminhar no escuro. Se aprender a se mover sem informações, aguçará sua visão sobre o terreno em que pisa.

– Não entendo o que está dizendo. É impossível prever um acontecimento sem um mínimo de informação. Só queria saber como serão minhas próximas semanas, e para isso preciso de alguns dados. Por exemplo, o lugar para onde estamos indo!

Daniel assentiu com a cabeça, concordando com minhas palavras. Parecia se divertir com a conversa.

– Ainda assim – retrucou –, o que você ainda não entende é que já tem a informação mais importante. Não precisa que ninguém a dê para você. Não sabe que trabalho vou lhe oferecer nem o que vamos fazer pelas próximas semanas. Apesar disso, você veio. Por quê?

– Bem... porque, depois de tudo o que passei, não tenho nada a perder. Por isso... estou aqui – respondi com certa amargura.

– Mais uma vez, quem está falando são as emoções que cegam, e não a pessoa que as sente. Você não está aqui porque não tem saída, mas porque parte de você sabe que esta é a saída correta.

Fiquei em silêncio diante de sua resposta. Eu não havia pensado daquela forma.

Não deixamos o aeroporto. Entramos na área das pistas de pouso e paramos o carro em um hangar no qual um pequeno avião era reabastecido. Na porta da aeronave, uma atraente comissária nos esperava com um sorriso deslumbrante.

– Bem-vindo, senhor Wheelock. Estamos prontos para decolar.

– É sério que vamos viajar em um jato particular? – perguntei, entregando meu passaporte para a moça.

– Espero que não se importe – Daniel disse em um tom de desculpas que eu não soube interpretar. – Eu viajo muito por todos os continentes. Esse avião me ajuda a otimizar o tempo, e é também onde mais trabalho.

– Tudo bem – murmurei impressionado, olhando ao redor. Era evidente que Daniel amava luxo e conforto. O interior da aeronave era revestido de couro, madeira e tapetes caros. Havia também uma ampla escrivaninha, e me surpreendi ao notar ao fundo uma bicicleta ergométrica e um conjunto de halteres.

– Por favor, fique à vontade. Vou cumprimentar os pilotos.

Daniel abriu a cortina ao final do corredor e desapareceu por trás dela.

A comissária guardou minha mala em um dos compartimentos superiores e me recostei em uma grande poltrona ao lado de uma das janelas.

– Deseja tomar algo?

Achei que não fossem oferecer nunca.

– Gim, gelo e limão, por favor.

Daniel retornou e se sentou à minha frente. O avião começou a se mover.

– Bom, espero que você esteja confortável. Temos umas boas horas de viagem pela frente.

– Está tudo fantástico – respondi, satisfeito, enquanto a comissária me servia a bebida. – Muito melhor que viajar de primeira classe. Sem dúvida, você sabe apreciar as coisas boas da vida.

Meu companheiro me dirigiu então um de seus intensos olhares que tanto me desconcertavam.

– Me diga, o que é riqueza para você?

– Bom, suponho que seja relativo. As coisas não estavam ruins para mim, pelo menos não antes de os meus problemas começarem. Mas nunca me considerei rico. Não saberia dizer... imagino que alguns milhões ao ano.

– Entendo. Mas você está falando de dinheiro, eu lhe perguntei sobre riqueza.

O gim que me serviram era excelente, e eu olhei irritado para meu companheiro de viagem.

– Não me diga que vai começar com a ladainha de que o importante é o interior?

– Se você só tivesse dinheiro, se consideraria rico? – perguntou, ignorando meu protesto.

Lembrei de tudo o que eu havia perdido. Meus bens, minha posição social. Conquistas que me faziam sentir bem e pelas quais eu havia trabalhado muito. Por acaso era errado aproveitar aquilo?

– Imagino que existam outras coisas – me rendi, mal-humorado. – Mas dinheiro é importante!

– Poder aquisitivo é só uma das formas de riqueza. É uma riqueza que diz respeito ao mundo material. Não nego que o dinheiro seja importante. Ainda assim, não somos apenas seres materiais, Nicolas. Também temos um mundo interior que tendemos a negligenciar. Conheço pessoas extremamente ricas e que, por vontade própria, vivem com poucas posses materiais. A diferença entre elas e quem sofre por achar que não tem o suficiente está em sua riqueza interior.

E prosseguiu:

– É muito importante que você compreenda que as coisas materiais, como este lindo avião, são apenas cascas. É o aspecto exterior e óbvio que emerge das emoções e dos pensamentos das pessoas. Os que dedicam todo seu tempo e esforço apenas para conseguir cascas grandes e bonitas, sem cuidar do mundo interior, cedo ou tarde acabam por se sentir também como cascas, ou seja, acabam vazios. De fato, ao longo da minha vida pude comprovar que os problemas do mundo, em sua maioria, são criados por pessoas de bolsos cheios e corações vazios.

"No entanto", continuou Daniel, "nossa energia interior não deve ser apenas canalizada para bens materiais. Devemos levar outros fatores em consideração se quisermos ter uma vida realmente abundante.

Em seguida abriu um compartimento na lateral de sua poltrona e de lá tirou um pequeno caderno e uma caneta. Desenhou um círculo com várias linhas cruzadas em diversas direções, criando uma série de espaços. Em cada um escreveu uma palavra: dinheiro, relacionamento, amizade, saúde, lazer, família, desenvolvimento e profissão. Então virou o caderno para mim.

— Estes são seus setores vitais, e representam os graus de riqueza exterior em sua vida. Como você pode ver, dinheiro é apenas um deles. Gostaria que você classificasse de zero a dez cada um dos setores.

Analisei o caderno à minha frente. Dinheiro: péssimo. Amizade: péssimo. Desenvolvimento... o que é isso? Profissão e relacionamento, pior que péssimo.

– Alcoolismo conta como "lazer"? – perguntei com um sarcasmo amargo.

– Isso é importante, Nicolas – meu companheiro respondeu sério. – Não podemos começar seu programa de treinamento se você não entender alguns princípios fundamentais. Sei que é difícil para você neste momento, mas garanto que vale o esforço.

Ele me olhava com uma seriedade penetrante, mas, ao mesmo tempo, seus olhos azuis transmitiam muita cordialidade. Que sujeito mais esquisito...

– Não sei, Daniel. Acho que no momento eu colocaria zero em todos os setores.

– Zero. Certo. E se tivessem lhe mostrado os setores vitais antes de você perder seu trabalho e seu casamento, que nota você daria para cada um deles? Quero que pense com cuidado. Sem pressa.

Olhei o desenho novamente. A pergunta era meio absurda. Antes de tudo ir por água abaixo, minha vida era maravilhosa, não era? Daria uma nota relativamente alta para os setores "dinheiro" e "trabalho".

Então me lembrei das minhas queixas constantes por causa dos horários escravizantes da minha antiga profissão. Eu só tinha vida fora da agência durante os finais de semana e durante as férias anuais. Além disso, a relação com meus chefes não era o que se poderia chamar de amistosa. Sempre havia a maldita pressão para atingir as metas. Para completar, eu discordava de muitas diretrizes abusivas que vinham "de cima". Então me lembrei de estar bêbado no carro, planejando agredir meu chefe. Devo admitir que a nota para o setor "trabalho" talvez ficasse abaixo da média.

Olhei os espaços restantes enquanto pensava em como era minha vida antes dos problemas. O quesito saúde também não ia muito bem. Havia anos que meus níveis de colesterol estavam descontrolados, tomava remédios para hipertensão, e meu médico me advertiu várias vezes sobre o risco de diabetes. Havia também a questão do álcool. Era verdade que ultimamente eu andava exagerando um pouco, mas... quando foi que comecei a beber demais?

"Amizades". De novo, o problema da falta de tempo. Durante a semana, minha vida era trabalho, e não tinha folga para nada. Aos finais de semana costumávamos ir jantar com nosso círculo de amigos. Sorri ligeiramente ao pensar que poderia dar uma boa nota para esse quesito.

Então me perguntei por que fazia tanto tempo que não falava com eles. Desde que minhas dificuldades começaram, nunca mais nos vimos. Tentei me lembrar de algum telefonema, algum gesto de interesse pela minha situação... Como eu realmente deveria avaliar minha vida social?

Comecei a ficar nervoso. Corri os olhos procurando algum setor que merecesse uma boa nota.

"Relacionamento". Meu relacionamento era bom. Eu amava minha mulher. Ela era uma pessoa compreensiva e carinhosa e sempre esteve ao meu lado. Até minha queda. Perder meu trabalho foi um golpe inesperado e duro. Tentei não desanimar, usar meus contatos para conseguir um novo emprego, mas, à medida que os meses se passavam, percebi que não seria tão fácil. Deixei de sair de casa, e a depressão foi me dominando.

Ela foi embora. Deixou um bilhete, claro! Mas dizia apenas que não conseguia mais viver com um homem que havia se rendido. Não a culpei por isso. Qualquer mulher sensata faria o mesmo. Não faria?

Não faria?

Com um tapa afastei o caderno e cruzei os braços com um gemido de frustração.

— Esse exercício é uma idiotice — declarei.

— Você acha? — perguntou Daniel, afundado em sua poltrona e me observando com atenção. — Me diga uma coisa... se você tivesse que resumir em poucas palavras suas conclusões sobre esse exercício "idiota", o que você diria? Por favor, tente ser sincero.

Refleti por alguns segundos antes de responder:

— Acho que eu diria que minha vida atual é uma merda.

Daniel arqueou as sobrancelhas, me incitando a continuar.

— E... acho que minha vida anterior não era tão boa quanto eu pensava.

— Está bem, Nicolas. Sei que não é fácil. Só quero ajudá-lo a enxergar. Não se melhora o que não se aceita. Quando sofremos uma grave crise pessoal, tudo o que achávamos que funcionava bem vem abaixo, mas é apenas porque estamos preparados para construir algo melhor. Você tinha sérias deficiências em sua vida. A maioria dos seus setores vitais ia mal. Você se lembra das fases de uma crise? Você estava submerso no primeiro estágio, o da ignorância. "Estou mal, mas não tenho consciência disso." Se você não tivesse passado pelo que passou, sua vida continuaria presa por todo aquele sofrimento inconsciente.

Terminei o que restava do gim em silêncio. Aquilo me irritava profundamente, mas tinha que reconhecer que fazia sentido.

– De qualquer modo – continuou ele –, os setores vitais são apenas um mapa. Uma representação grosseira de nossa riqueza interior. Como você vê, não se trata apenas de dinheiro. O mais importante é perceber que cada um desses setores nasce de seu mundo interior.

"Por exemplo, sua saúde depende de fatores como sua energia vital e seu estado emocional. A qualidade de suas amizades está relacionada, principalmente, com sua inteligência social, ou seja, **sua empatia**, sua tolerância, a forma como você se relaciona com as pessoas. A sua vida em casa depende de sua capacidade de se comunicar profundamente com sua esposa nos níveis físico, emocional, afetivo, intelectual... A quantidade de dinheiro que você tem vem de qualidades como persistência, valores, criatividade, positividade etc."

– Está certo, está certo – interrompi. – Acho que já entendi. Tudo vem do nosso interior. É um conceito muito bonito, mas por que preciso saber disso?

– É o elemento fundamental para compreender o método de treinamento que você fará comigo, Nicolas.

– Método? – perguntei, desconfiado.

– Isso mesmo. Seguimos um procedimento, uma série de passos, para realizar o que quer que seja. Garanto que seus resultados variam significantemente dependendo de qual método seguir. Claro que existem dezenas de métodos e centenas de livros de apoio para se sentir melhor ou até se tornar uma pessoa melhor.

– Pessoalmente, nunca gostei de livros de autoajuda – afirmei. – Quem os lê até pode se sentir bem, mas no final das contas não causam nenhuma mudança significativa.

– Isso é porque muitos desses livros se concentram somente nos aspectos exteriores da riqueza, como os que tentam ensinar a ganhar mais dinheiro. Outros são focados apenas em alguma questão do nosso mundo interior. Quase nunca consideram ambos os aspectos.

"O método aplicado em seu período de treinamento também foi seguido, de maneira mais ou menos consciente, por todas as pessoas que compreenderam como preencher sua vida com riquezas verdadeiras. A premissa em que ele se baseia é a seguinte: "a riqueza exterior é simplesmente consequência de uma riqueza interior abundante e bem administrada".

Após dizer isso, Daniel me passou novamente o caderno e a caneta.

– Meu conselho é que você vá anotando as ideias mais importantes conforme elas forem surgindo. Você vai assimilar muitos dos conceitos mais tarde, ao reler as suas próprias anotações.

Peguei o caderno e virei a página, deixando para trás o gráfico que mostrava que minha vida atual e minha vida passada eram um desastre.

– Você ainda não me explicou o que é trabalhar com nosso aspecto interior – falei enquanto escrevia.

– Certo. Nosso mundo interior está dividido em quatro aspectos. O aspecto físico, o emocional, o mental e o transpessoal. Todas as qualidades necessárias para que alguém possa dar nota dez a todos os seus setores vitais surgem do estado desses quatro aspectos. Ou seja, se não funcionarem corretamente, numerosos conflitos surgirão em sua vida exterior. Se esses problemas persistirem e não forem resolvidos, invariavelmente haverá uma crise.

– Calma, deixa eu ver se entendi bem. Você está dizendo que todos os meus problemas surgiram porque esses quatro fatores internos não estavam funcionando bem?

– Exatamente. É por isso que seu treinamento começa por eles.

Algo naquela teoria me desagradava. Pensei cuidadosamente sobre meu passado.

Sempre quis ser médico, mas meus pais insistiram para que eu ajudasse no negócio da família. Apesar disso, me matriculei na faculdade. Conciliava meu tempo entre o trabalho em nossa pequena loja e os livros de medicina. Mesmo perdendo muitas aulas, consegui chegar ao último semestre.

Foi quando meu pai morreu inesperadamente e tive que tomar conta do negócio. Foi uma fase difícil. Para conseguir manter nossa única fonte de renda, abandonei a faculdade para trabalhar.

Depois, consegui uma vaga de aprendiz administrativo em uma agência bancária do bairro. Não imaginava que seguiria a profissão por toda a vida.

— Acho que discordo de você, Daniel — eu disse, depois de relembrar tudo. — Na nossa vida acontecem... coisas. Problemas e dificuldades inesperadas que determinam nossa trajetória. Nem tudo depende de nós ou do que acontece em nosso interior.

Meu companheiro de viagem me observou com atenção por alguns segundos, até responder:

— As coisas que acontecem conosco, inclusive aquelas que parecem obra do acaso, também surgem do nosso estado interior. Compreender isso nos dá a maravilhosa qualidade da responsabilidade. A vida não passa, somos nós que a fazemos passar. Não é algo fácil de compreender, muito menos de admitir. É sempre mais fácil transferir a responsabilidade a outras pessoas... ou ao azar.

Eu ia contra-argumentar, mas Daniel ergueu a mão e me interrompeu:

— Entendo que agora você não concorda com essa ideia, mas garanto que chegará o dia em que você a comprovará sozinho. No entanto, não vale a pena discutir sobre isso agora. Por ora, aconselho que olhe para isso como uma hipótese à espera de que sua própria experiência a coloque à prova.

Após dizer isso, apertou um botão em sua poltrona e um apoio felpudo para os pés emergiu sob suas pernas, acompanhado de um pequeno som eletrônico.

— Se você não se importar, vamos pausar a conversa e descansar um pouco. Aconselho você a fazer o mesmo. Vai precisar de toda sua energia quando chegarmos ao nosso destino.

Acomodou-se na poltrona e, sem dizer mais nada, fechou os olhos.

CAPÍTULO 4

CONFIANÇA

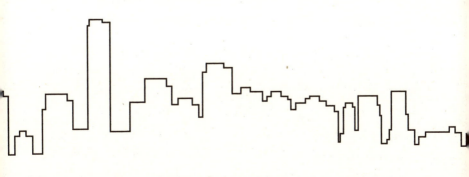

Acordei e olhei para o relógio. Estávamos voando há mais de oito horas, ou seja, poderíamos estar em qualquer lugar.

— Bom dia — cumprimentou Daniel, sentado à escrivaninha usando seu laptop. — Que bela maneira de dormir, hein? — Sorriu sem tirar os olhos da tela.

Estiquei as pernas e olhei pela janela. Era noite.

— Deseja algo para o café da manhã? — perguntou a comissária, em pé ao meu lado.

— Só café, por favor.

— Você vai precisar de energia, Nicolas — disse Daniel, um tanto indiferente. — É melhor comer algo que sustente. Traga um pouco de tudo para ele, por favor.

A mulher se dirigiu para o fundo da sala e despareceu por trás da cortina.

– Imagino que ainda não vai me dizer aonde diabos estamos indo – resmunguei, mal-humorado. – Não gosto que tomem decisões por mim nem me digam o que eu devo ou não comer.

Daniel não respondeu, continuou digitando freneticamente por mais alguns segundos. Baixou a tela do computador e sentou-se sorridente ao meu lado, com uma xícara fumegante na mão.

– Sei que não é fácil abandonar o hábito do controle, mas garanto que vale o esforço. Parte do seu sofrimento vem do medo de perder o controle sobre sua vida, principalmente quando parece que tudo está mudando. Confie em mim. Permita-se o prazer de não ficar pensando toda hora sobre o que pode ou não acontecer. Em vez disso, tente absorver ao máximo o que está acontecendo agora, neste momento.

– Lá vem você com o discurso de autoajuda de novo... – bufei, impaciente, olhando a escuridão pela janela. Percebia que aquele homem queria me ajudar, mas eu não conseguia evitar minha irritação. Nunca acordava de bom humor, e isso havia piorado consideravelmente nos últimos meses.

– Me diga uma coisa: o que está disposto a fazer para melhorar sua situação atual? Melhor: o que estaria disposto a sacrificar, neste momento, se tivesse certeza de que isso o levaria a uma situação melhor que qualquer outra que você tenha experimentado em sua vida? Pense bem.

Não precisei refletir muito.

– Eu daria qualquer coisa por isso.

– Inclusive sua crença?

Fiquei em silêncio, pois me dei conta de que não conseguiria ir contra sua argumentação.

– Suponho que sim – acabei cedendo, irritado. – Já estou fazendo isso, não? Estou em um lindo avião, com um estranho, indo sabe-se lá aonde!

– Isso mesmo. E está fazendo o certo. Não esperava menos de você. Mas eu preciso de mais, meu amigo. Preciso do seu comprometimento, sua palavra de honra de que vai se dedicar de corpo e alma ao treinamento. Lembre-se de que não estamos falando de algo trivial. Trata-se da sua vida!

"Você enfrentará desafios, mudará seus hábitos e verá aspectos desagradáveis de si mesmo. Obviamente, você é livre para desistir a qualquer momento. Mas quero que pense na vida para a qual você vai voltar, caso não decida melhorá-la. Então, caso siga até o final, imagine uma vida plena de verdadeiras riquezas.

Daniel aguardou alguns segundos em silêncio.

– E então? – perguntou em um tom firme. – Posso contar com seu comprometimento?

Não respondi imediatamente. Era uma questão séria, e eu precisava refletir.

Pensei no que havia sofrido nos últimos meses e em como queria superar aquela situação definitivamente. A sensação da noite anterior voltou mais intensa: já havia me autossabotado demais, não queria mais sofrer e estava disposto a qualquer coisa para sair daquela maldita crise.

– Pode confiar em mim, Daniel – afirmei em voz baixa.

O homenzarrão se espalhou em sua poltrona, satisfeito.

– Daqui a pouco chegaremos a Madagascar – declarou, ao mesmo tempo que a comissária me servia um farto café da manhã, completamente desproporcional ao meu apetite.

...

Menos de uma hora se havia passado quando o piloto anunciou a aterrissagem.

Descemos para a pista do que parecia ser um pequeno aeroporto. Notei uma placa que dizia, em francês, que estávamos em Antsiranana. Meus conhecimentos em geografia sempre foram escassos, para não dizer vergonhosos, o que me mantinha sem saber exatamente onde estávamos. Imaginava Madagascar como uma imensa ilha no sul da África. Teria que me contentar em saber somente isso.

Não entramos no terminal. Em vez disso, um atendente de pista nos levou até um heliporto, onde um grande helicóptero amarelo começava a girar suas hélices. Um homem de bigode e boné rosa desbotado veio até nós e deu um forte abraço em Daniel.

– Este é nosso novo piloto – explicou Daniel. – Vai nos levar ao nosso destino. Chegaremos em menos de uma hora.

Apenas concordei em silêncio, tentando parecer calmo. Não queria demonstrar minha insegurança. Entrei naquela máquina barulhenta e me sentei, segurando minha mala com força. Mais uma vez, eu precisava urgentemente de uma bebida.

Alçamos voo, e em poucos minutos sobrevoávamos o oceano com o Sol despontando atrás de nós.

– Você já fez esse trajeto muitas vezes, não é? – perguntei depois de algum tempo.

Daniel me olhou com uma expressão maliciosa. Era engraçado ver um homem daquela idade e do tamanho de um armário fazer expressões de menino travesso.

– Isso mesmo. O lugar aonde vamos é muito importante para mim. É lá que você vai receber a primeira parte do treinamento. Antes de chegarmos, porém, preciso perguntar: você sabe a diferença entre dor e sofrimento?

– Caramba, Daniel – respondi, irritado. – Você está tentando me assustar?

Meu companheiro apenas sorriu enigmaticamente.

– A dor é inerente a qualquer mudança e também à vida em si. Quando nossos dentes nascem, quando temos um filho, quando sofremos alguma perda, nos ferimos ou exercitamos nossos músculos... toda mudança causa algum tipo de dor.

"Ainda assim, cada pessoa assimila a dor de uma forma diferente. O que é desagradável para alguns pode ser muito agradável para outros."

– Dor... agradável? – perguntei, desconfiado.

– Quando um atleta treina, ele sente dor, mas não se importa com isso. O tempo que uma mãe sacrifica em função de seus filhos também a machuca, mas ela aceita de bom grado. Um alpinista que luta para chegar ao pico de uma montanha, um professor que tenta ensinar o melhor aos seus alunos, um cientista que passa horas trancado em seu laboratório...

– Mas você está falando de esforço, não de dor.

– O esforço é a dor suportada por quem entende que ela é uma moeda de troca para algo maior.

– Entendo.

– E o sofrimento é a outra face da dor. É a dor não aceita, a dor dispensável, nascida da nossa resistência em enfrentá-la. Os budistas dizem que "a dor é necessária, o sofrimento é opcional".

"Eu concordo com esse conceito, pois toda mudança traz alguma dor que dura o tempo necessário. No entanto, o sofrimento surge apenas quando resistimos a alguma mudança, **quando nos apegamos com unhas e dentes ao passado que conhecemos**. Por isso, para se abrir para o novo, é preciso abandonar tudo o que se relaciona ao que foi perdido."

Nesse momento, Daniel voltou seu olhar para minha mala. Eu realmente achei estranho ele não ter comentado nada sobre ela.

— Estou levando apenas algumas roupas e artigos de higiene pessoal — justifiquei, me antecipando. Omiti que tinha colocado a foto de minha ex-mulher na mala.

— Garanto que durante os próximos meses você não vai precisar de nada que está aí — afirmou Daniel. — Aliás, seria muito importante você deixar essa mala aqui. Para superar qualquer crise pessoal, é fundamental se desapegar do que nos faz lembrar do passado. Essas coisas são gatilhos inconscientes que retardam o processo de mudança que mencionei. Trocar os móveis, comprar roupas novas, mudar de cidade, mudar o visual, cada um deve buscar sua própria maneira de se desligar do passado. Ofereci a você a possibilidade de um desligamento completo. Por isso estamos indo a um lugar onde você nunca esteve, e por isso lhe peço para abrir mão das suas posses.

— Mas isso não é um tipo de fuga? Escapar de uma realidade que precisamos superar de algum modo? — perguntei, segurando minha mala com força.

— É apenas uma fuga se, quando chegar a hora, você se recusar a voltar para sua vida cotidiana. Os problemas estão dentro de nós, e se manifestam enquanto não os superamos. Não estou sugerindo que você fuja dos problemas, mas que deixe de se concentrar somente neles. Lembre-se: podemos escapar do que nos persegue, mas não do que nos acompanha. Por isso, não se preocupe, seu passado vai esperar até que você consiga superá-lo.

Depois de hesitar bastante, dei um suspiro resignado e lhe entreguei a mala. Que diabos! Fiquei surpreso com o alívio instantâneo que senti com aquele simples gesto.

Daniel pegou minha bagagem e a colocou na cabine do piloto, que quase ao mesmo tempo se virou para falar conosco:

— Chegamos, senhor Wheelock!

O grandalhão assentiu e me lançou um de seus olhares desconcertantes.

— Então... está disposto a se empenhar para deixar todo esse sofrimento para trás?

— Sim. Faço o que for preciso — afirmei, decidido.

— Perfeito. Então pode tirar a roupa.

...

O helicóptero se mantinha parado a poucos metros acima do mar.

– Como é? – perguntei, um tanto chocado. Sem dúvida eu havia entendido errado.

Daniel se levantou e calmamente começou a tirar a camisa.

– Chegamos ao nosso destino – anunciou.

Olhei para onde ele apontou. Não muito longe de onde estávamos, era possível ver uma pequena praia cercada por uma frondosa vegetação tropical.

Senti minha pulsação acelerar enquanto meu cérebro tentava entender o que acontecia.

– Como? – perguntei outra vez. Não conseguia dizer nada além disso.

Notei Daniel segurando um sorriso ao tirar os sapatos.

– Aquela ilha é nosso destino – me explicou pacientemente. – Passaremos uma temporada nela até que você termine a primeira fase do treinamento. Por causa da vegetação e da inclinação da praia, é arriscado pousar o helicóptero ali. Também não quero que você pule direto na areia. Não me leve a mal, meu caro, mas você está fora de forma e não quero que quebre uma perna. É muito mais seguro pularmos na água.

Tirou a calça, puxou uma manivela e abriu a porta lateral do helicóptero. O ruído das hélices e a nuvem de água do mar vaporizada que acertou meu rosto me trouxeram de volta à realidade.

— Mas, Daniel, isso é loucura! Não posso fazer isso! — gritei em meio àquele barulho infernal.

— Você sabe nadar, não sabe?

— Quê?

— Você sabe nadar?

— Sei, claro, mas...

— Então não se preocupe. Eu pulo depois de você. Tire essa roupa. É difícil nadar vestido.

Continuei sentado, sem me mover, olhando para aquele milionário excêntrico e tentando entender minha situação.

— Nicolas, lembre-se do que conversamos no avião. **Lembre-se do seu compromisso**. Você sabe de onde veio e aonde pode chegar. Talvez não entenda tudo agora, mas garanto que é muito importante que salte. Você precisa decidir neste exato momento. É uma decisão fundamental: quem governa sua vida? Seus medos ou sua vontade de prosperar?

Eu já havia me feito aquela pergunta quando decidi embarcar naquela aventura estranha.

– Diabos! – murmurei, desamarrando os sapatos.

Só de cueca, me aproximei da porta aberta com cuidado. O barulho das hélices retumbava em meu peito e a água se agitava em círculos cinco metros abaixo.

O mar nunca havia me parecido tão ameaçador.

– Não tem tubarão aqui? – perguntei.

– Pois é, eles são uma grande praga nesta região – Daniel respondeu, muito sério. – Mas é só não cair em cima de nenhum que não tem problema – acrescentou, piscando.

Ele não podia estar caçoando de mim.

– Ora, Nicolas, não me olhe assim. Foi só uma piada para relaxar. Pule com os braços junto ao corpo e se deixe cair. Não pense muito, ou o medo tomará o controle. Chegou a hora. Vamos! Vamos! Vamos!

● ● ●

Quando meus pés tocaram a areia, a uns vinte metros da praia, soube finalmente que não morreria afogado.

A água era quente e transparente, de um tom turquesa típico de paraísos tropicais. Nadamos pouco mais de quinze minutos, mas me pareceu uma eternidade. Agora eu sabia como um náufrago se sentia ao encontrar uma ilha. Quando cheguei à praia, desabei no chão, rezando para o meu coração não explodir com o esforço.

Curiosamente, apesar de todo o cansaço físico, uma parte de mim se sentia bem por ter chegado até ali.

Quando recuperei um pouco o fôlego, observei o lugar. Era uma pequena praia com areia branca que se perdia entre palmeiras. Um estreito caminho de tábuas saía do mar e adentrava a vegetação.

Aquele pequeno sinal de civilização me trouxe um pouco de alívio. Foi então que algo insólito me ocorreu:

— Não vai me dizer... que essa ilha é sua?

Daniel sorriu, em pé ao meu lado, brincando de enterrar os pés na areia. Não parecia nem um pouco cansado.

— Não exatamente — respondeu. — Pertence ao governo francês, com quem tenho boas relações. Por isso me deixam usá-la sempre que preciso. Aqui é um dos meus lugares preferidos para descansar e repor as energias.

Naquele momento, o helicóptero surgiu de algum lugar no interior da ilha, se deteve acima de nós por alguns segundos, e o piloto acenou para nós. Depois desapareceu no horizonte. Fiquei um pouco receoso ao ver nosso único meio de transporte partir.

– Quando ele voltará para nos buscar?

– Se não houver imprevistos, quando você estiver pronto.

– E a que horas você acha que vai ser isso?

– Horas? – gargalhou, dirigindo-se até o caminho de tábuas. – Me divirto com você, Nicolas. Vamos, venha comigo.

Eu não achei nada engraçado, mas me levantei com esforço e o segui.

Em alguns minutos chegamos a uma grande clareira onde havia uma cabana feita com troncos grossos. Em frente à pequena varanda, havia uma série de caixas espalhadas desordenadamente pelo chão. Me aproximei, curioso, e Daniel abriu a porta da cabana com a tranquilidade de quem entra em sua própria casa.

Notei algumas marcas estranhas no chão da clareira. Pareciam feitas pelo esqui de pouso de um helicóptero. E eram recentes!

Foi então que me dei conta. Eu estava preso naquela ilha com alguém que provavelmente era maluco, e não tinha como escapar.

CAPÍTULO 5

CUIDANDO DO ANIMAL

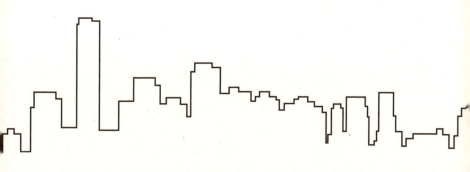

Daniel ouviu com uma paciência irritante todos os xingamentos que eu consegui lembrar.

– Confesso que menti para você, Nicolas – disse, sem se alterar, depois que me acalmei. – O helicóptero poderia ter nos deixado aqui. Mas saltar no mar e chegar aqui com esforço próprio é uma experiência muito valiosa. Seja sincero: como você se sentiu quando chegou à praia?

Eu tinha me sentido muito bem. Havia tempos que não me sentia assim, para falar a verdade. Mas jamais reconheceria isso naquele momento, então fiquei calado.

Daniel sorriu como se tivesse adivinhado meus pensamentos.

– Bem, o plano é passarmos alguns dias aqui – explicou. – Temos provisões para várias semanas. Conseguimos nos comunicar com o mundo exterior, caso necessário, e conheço este lugar como a palma da mão. Não corremos nenhum perigo, garanto. Considere sua estadia aqui como férias revigorantes.

– Alguns dias? – resmunguei, ainda irritado.

– O tempo necessário para que você crie hábitos de cuidado físico.

– E o que isso quer dizer?

– Quer dizer que sua condição física é lamentável e que **você precisa urgentemente aprender a cuidar e a respeitar seu corpo**. Dentro da cabana temos roupas e toalhas. Por favor, vista-se e explicarei melhor.

Entrei na cabana resmungando, mas concordei porque não aguentava mais meu aspecto de náufrago. Fiquei surpreso ao ver como era bem arrumada. O interior era claro, organizado e confortável, com uma sala de estar, uma pequena cozinha equipada e dois quartos pequenos ao fundo. Ventiladores giravam no teto, o que significava que havia energia elétrica. Fiquei aliviado ao saber. Ao lado da entrada havia uma grande estante de livros que se erguia até o teto. Encontrei uma toalha de praia limpa, um traje de banho e uma muda de roupas leves cuidadosamente dobradas. Quando saí da cabana, Daniel me esperava sentado na areia, debaixo de uma grande palmeira.

– Sente-se. Quero lhe explicar o que viemos fazer aqui.

E começou:

– Já falamos sobre o conceito de riqueza e vimos que não se trata somente de uma questão de dinheiro. Quando analisamos os setores vitais, vimos que existem outros fatores que determinam a chamada "riqueza exterior". Também expliquei que essa riqueza exterior nada mais é do que a consequência de uma boa administração da riqueza interior.

– Sim. Mas eu ainda não entendi o que significa exatamente essa história de riqueza interior.

– É o seguinte. Vou resumir: tudo o que você percebe ou imagina é feito de energia. Essa energia possui propriedades diferentes de acordo com sua densidade.

– Densidade?

– Isso mesmo. Assim como o ferro é mais denso que a cortiça e a pedra é mais densa que a água, a energia também possui uma natureza mais ou menos consistente. O mundo material que percebemos com nossos sentidos é a manifestação mais densa dessa energia.

"Essa regra também se aplica à constituição do ser humano, ou seja, somos formados por vários tipos de energia de diferentes densidades. O aspecto mais denso é o nosso corpo físico. Em seguida, com uma natureza mais sutil, temos nosso mundo emocional. Ainda mais sutil, nosso aspecto mental. O conjunto desses três níveis... físico, emocional e mental... é o que chamamos de 'personalidade' ou 'ego'."

– Espere – interrompi. – Não são os budistas que dizem que devemos evitar o ego?

– Digamos que é um tema polêmico – admitiu Daniel. – É preciso entender que as pessoas são formadas por outros níveis de energia além dos três que falei. Nosso quarto nível de energia é ainda mais sutil que a própria mente, e algumas pessoas se referem a ele como "transpessoal". É dali que surgem a verdadeira voz de nossa intuição e todas as nossas qualidades mais poderosas.

"As culturas orientais, historicamente com conhecimento muito mais avançado do nosso mundo interior, defendem a ideia de que esse 'pacote' físico de energias física, emocional e mental que chamamos de 'ego' deve ser dominado pela nossa parte mais elevada. É esse o ponto que muitos interpretam equivocadamente, já que dominar esses três níveis não quer dizer eliminá-los. Significa que devem ser guiados por um nível superior a eles.

"Porém, antes de conseguir fazer isso, o ego precisa estar bem. É um erro nos preocuparmos com nosso nível transpessoal quando nosso físico, nossas emoções ou nossa mente não se encontram bem de saúde. Está me entendendo?"

– Acho que sim. Isso é um tanto metafísico...

– Pois é – Daniel concordou. – Mas é imprescindível para que você possa entender seu objetivo nesta ilha.

"Quando sofremos uma crise pessoal grave, os três tipos de energia que formam nosso ego se enfraquecem e desmoronam. Em outras palavras, nos sentimos fisicamente esgotados, somos dominados por nossas emoções mais negativas e a mente se dispersa, hiperativa e ancorada no pessimismo."

– É. Isso me soa familiar – comentei amargurado.

– Como já disse, há uma infinidade de métodos que prometem curar um ego doente. Mesmo assim, o mais eficiente que conheço é o que trabalha os três níveis na ordem certa.

– Como assim "ordem certa"?

– Não se deve começar aleatoriamente. É mais eficiente iniciar o trabalho de recuperação no nível mais denso e ir avançando até o mais sutil. Isso significa que devemos começar trabalhando o corpo físico.

Refleti sobre suas palavras. Tudo bem que havia me descuidado um pouco da saúde nos últimos tempos, mas como cuidar da forma física resolveria meus problemas?

Preferi ficar calado mesmo sem ver muito sentido naquilo.

• • •

Daniel se levantou com agilidade e se dirigiu descalço para a praia.

– Vamos, me acompanhe!

Eu o segui pelo caminho de tábuas. Ele retomou sua explicação:

– Você verá que nosso corpo físico é como um animal que convive conosco de uma maneira muito especial.

– Desculpe, você disse "animal"?

– Exatamente – confirmou. – Um animal com milhões de anos de instintos gravados em suas células, com forças e fraquezas genéticas e uma inteligência própria. Você nunca terá um animal de estimação mais importante que seu próprio corpo. Se não lhe der carinho e disciplina, cedo ou tarde os níveis de energia cairão. O animal avisa que não está bem por meio de doenças mais ou menos graves.

"Além disso, esse animal tem uma ligação estreita com nosso aspecto emocional e uma poderosa influência sobre ele. Isso significa que, se o corpo não estiver bem, dificilmente seu estado emocional estará."

— Você está dizendo que se eu me concentrar em cuidar do corpo meus problemas desaparecerão?

— De forma alguma! Estou dizendo que começar pelo corpo é a maneira mais eficaz de se sentir melhor.

Naquele momento chegamos à praia. Olhei para o mar, ainda com a memória surreal de ter chegado a nado. Daniel enterrou novamente seus grandes pés na areia branca, abriu os braços e inspirou profundamente, de olhos fechados. Parecia realmente estar absorvendo a ilha.

— O primeiro indicador de que um corpo está em forma é a vitalidade — afirmou. — Quero que entenda a **vitalidade** como o verdadeiro combustível do corpo físico. É o que faz com que cada uma de nossas células funcione perfeitamente. Quando somos crianças, nosso corpo transborda vitalidade e parece incansável. Conforme os anos passam, nos tornamos seres psicologicamente mais complexos e as coisas mudam.

– Pois é... – concordei melancólico, observando minha barriga saliente.

– Mas o importante é saber que existem técnicas para revigorar nosso corpo e podemos utilizá-las a qualquer momento.

– Sei. Parece interessante.

– Além da técnica em si, é importante também conhecer as fontes dessa energia. A principal delas é o Sol. Nosso astro-rei é a principal fonte da vida, fundamental para o funcionamento do planeta. Somente isso já é prova de sua influência benéfica sobre nós.

"A segunda fonte mais importante é a própria Natureza, que, vista de forma puramente energética, é um sistema de acumulação de vitalidade. Por isso, quanto mais Sol e natureza, mais energia vital disponível."

– Agora entendo por que você gosta tanto deste lugar...

– Existem diversas técnicas para absorver energia vital do ambiente. A maioria baseia-se em práticas orientais, como o Chi Kung, dos chineses, e a respiração pranayama, dos hindus. Eu uso um sistema próprio que une respiração, visualização e influência do Sol. Chamo de "respiração solar".

"Por favor, sente-se ao meu lado e explicarei como se faz. Esse exercício é mais eficaz se os raios de Sol atingirem diretamente seu corpo."

Um tanto curioso, tirei minha camiseta e me sentei ao lado dele. O sol batia em nossas costas.

— O objetivo é concentrar toda sua atenção na parte superior das costas, pois é a zona de maior absorção de energia vital. Imagine que há uma pequena porta por onde o calor do Sol é absorvido quando você inspira. Ao expirar, imagine que o calor se espalha pelo seu corpo até os dedos dos pés e das mãos. Repita o processo. Inspire calor pelas costas e deixe-o se espalhar. Inspire e espalhe...

Praticamos por uns dez minutos. Então Daniel se levantou e me disse que era aconselhável se movimentar depois daquele exercício. Caminhamos em um bom ritmo, indo e voltando ao largo da pequena praia. Em poucos minutos fiquei ofegante.

— A respiração solar é o primeiro exercício diário que você deve praticar. Para começar a notar seus efeitos, é preciso praticar todos os dias, entre cinco e dez minutos. Pode ser em qualquer lugar. Se não for possível tomar sol diretamente, a claridade que passa pela janela já basta. Mas quanto mais natureza ao redor, mais eficiente será o exercício.

"Além da vitalidade, também é importante manter uma boa forma física. Ou seja, tonificação muscular e capacidade cardiorrespiratória. Também conheço apenas uma maneira de alcançar isso, que é permitir que o corpo realize o que foi programado para fazer há milhões de anos: movimento. Praticar o que chamamos hoje em dia de 'exercícios'. Entendeu?"

— Acho... que sim — respondi sem fôlego, tentando acompanhá-lo. Seguir o ritmo das largas passadas de Daniel na areia era exaustivo.

Meu instrutor estancou subitamente.

— Me desculpe. Esqueci que para você já foi um grande esforço vir nadando até aqui. Vamos nos alongar um pouco e por hoje chega.

Quando terminamos, eu me sentia ao mesmo tempo cansado e animado. Era uma sensação estranha, mas agradável, que de alguma maneira me ajudou a esquecer minhas preocupações.

∙∙∙

— Esta ilha é uma antiga base militar francesa e por isso tem grandes depósitos de água potável — meu anfitrião explicou enquanto colocava uma panela no fogão — e eletricidade. Há alguns anos, instalei um sistema de painéis solares para aproveitar os dias ensolarados. Como falei, temos todo o necessário para ficarmos confortáveis por um bom tempo.

— Agradeço muito por tudo isso! — exclamei. — Quando chegamos nadando, pensei que teríamos de sobreviver à base de cocos.

— Na verdade... — Daniel disse rindo, enquanto cortava legumes — uma alimentação correta é outro ponto fundamental para mantermos a energia física em um bom nível.

"Eu sigo princípios simples de alimentação saudável. Em primeiro lugar, evito ao máximo o consumo de tóxicos. Ou seja, drogas, álcool, cigarro e *junk food*."

Me lembrei de que fazia uma eternidade que eu não tomava nem uma gota de álcool. Imediatamente comecei a sentir uma angústia crescente na base da garganta, mas evitei pensar nisso.

– Em segundo lugar, dou preferência a vegetais, carnes e legumes. Evito alimentos à base de farinha refinada e produtos industrializados.

"O terceiro princípio consiste em não comer mais do que o necessário. Hoje em dia existem centenas de estudos e teorias sobre nutrição, mas um dos pontos em que parece haver maior consenso é que comer exageradamente reduz o tempo de vida. Segundo esse princípio, devemos comer várias vezes por dia, mas em pequenas quantidades.

"Minha última regra sobre nutrição talvez seja a mais importante. Como cada pessoa tem um metabolismo diferente, o que faz bem para um pode não fazer para outro, por isso é necessário observar os efeitos que os alimentos nos causam. Problemas digestivos? Sensação de fome logo após comer? Sentiu-se estufado ou empanturrado? Quando observamos, em pouco tempo descobrimos quais alimentos e combinações são mais adequados às necessidades de nosso corpo físico."

Tentei me lembrar do que não me fazia bem, mas naquela hora só pude pensar em uma cerveja gelada.

– Por que a alimentação é tão importante? – perguntei, sem conseguir evitar meu tom impaciente.

— Porque é um fator de grande influência na energia física que temos. Quem come pouco, demais ou mal tem menos vitalidade e ânimo.

"Alguns acreditam que a mente é capaz de reverter qualquer estado emocional negativo. Eu concordo, pois o nível mental é mais sutil e poderoso que o emocional e o físico... e por isso os domina. Mas é muito mais difícil fazer isso intoxicado ou mal alimentado."

— Acho que não estou entendendo...

— Você é o melhor exemplo disso, Nicolas. Sua crise fez com que você se descuidasse fisicamente e recorresse à bebida para amenizar seu sofrimento. Se não resolvermos de início essas questões que consomem sua vitalidade, será difícil se libertar do estado emocional negativo, mesmo com grande esforço mental.

— Certo, agora eu entendi — resmunguei. — Não gostei muito do exemplo.

Depois do jantar, nos sentamos nas cadeiras na pequena varanda de madeira. O Sol começava a se pôr, criando belas sombras entre as palmeiras.

Eu havia encontrado meu caderno em uma das caixas de provisões. Daniel talvez tivesse instruído alguém para que o trouxesse, então fiquei fazendo anotações enquanto meu companheiro admirava o pôr do sol com uma expressão distante.

— Bem, falamos sobre exercícios e alimentação — eu disse depois de algum tempo, em parte para quebrar o silêncio que começava a incomodar. — O que mais preciso saber?

— O terceiro fator físico é o descanso adequado. Não adianta nada se exercitar como um atleta e se alimentar bem se não se recuperar devidamente.

— Também existe uma forma adequada para isso?

— Claro. O corpo precisa se recuperar dos esforços sofridos ao longo do dia, e fazer isso de forma eficaz requer tempo. Como regra geral, precisamos de seis a oito horas de sono de qualidade para descansarmos corretamente.

— Sono... de qualidade?

— Me refiro aos estados profundos de sono. Para nos mantermos o tempo necessário nesse estado regenerador, precisamos estar relaxados, confortáveis, sem luz e barulho ao redor ou qualquer outro elemento que interfira em nosso sono.

Me lembrei dos comprimidos para dormir que deixei na mala, no helicóptero. Preferi não comentar a respeito com Daniel, mas a qualidade do meu sono era desastrosa. Não pregava os olhos sem meus comprimidos.

– Também é importante ajustar nosso dia tanto quanto possível segundo as horas de luz solar. É um costume que perdemos com o tempo, em parte por causa da iluminação artificial. Seguir o mesmo horário que o Sol melhora significantemente o que eu chamo de "qualidade do sono". Você vai comprovar isso nos próximos dias. E, falando nisso, vamos dormir! – exclamou de repente, enquanto alongava as pernas.

– Mas não são nem oito horas!

– Perfeito, porque aqui amanhece um pouco antes das cinco, e a essa hora já estaremos fazendo nossos exercícios matinais. Seu quarto é o da esquerda. Tente descansar o máximo que puder. Boa noite, Nicolas.

Sem mais explicações, entrou em silêncio na cabana.

Fiquei olhando a paisagem ao longe, sem saber o que fazer. Naquele momento, o último raio de sol que se esgueirava pela vegetação desapareceu.

– Isso vai ser mais difícil do que eu pensei – resmunguei, aborrecido, tomando o último gole de chá...

CAPÍTULO 6

QUESTÃO DE HÁBITO

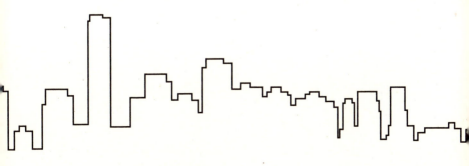

As águas de um oceano revolto e escuro estavam para me devorar quando batidas inesperadas me resgataram do pesadelo.

Alguém batia à porta.

Olhei para o meu pulso, apenas para me lembrar de que meu relógio havia ficado com o resto da bagagem no helicóptero. Atordoado, virei o rosto para a janela. Ainda era plena madrugada.

– Acorda, Nicolas – Daniel chamou atrás da porta. – Está na hora!

Na hora... Eu havia passado metade da noite acordado, olhando a lâmpada acesa no quarto, e a outra metade rolando na cama. Nunca entendi por que a gente só dorme quando sabe que falta pouco tempo para levantar.

– Estou indo – gemi com uma voz rouca como se estivesse saindo de um túmulo, com grande esforço para me levantar. Se o objetivo da estadia na ilha era recarregar as energias físicas, não estava dando certo. Eu estava mais esgotado que nunca.

Saí do quarto arrastando os pés. Daniel me esperava na porta com uma xícara na mão.

– Por favor, me diga que é um café bem forte – supliquei.

– Nem pensar! Estimulantes não vão lhe fazer nenhum bem, Nicolas. Isso aqui é água, suco de limão e um pouco de mel. Precisamos nos reidratar depois de dormir, sabia? – explicou, insistindo para que eu experimentasse.

Apanhei a xícara simplesmente por não ter forças para discutir. Fiz uma careta. Esperava que estivesse mais doce.

– Vamos, venha comigo. Não quero que a gente perca o espetáculo.

Saímos da cabana e pegamos o caminho em direção à praia.

– Está quase amanhecendo e essa é a hora de fazermos nosso primeiro exercício do dia – disse apontando duas toalhas estendidas na areia. – Escolha uma posição confortável e observe o Sol em silêncio.

Segui suas recomendações, e, em meio às lindas cores do amanhecer, o astro dourado surgiu no horizonte. Daniel fazia exatamente o mesmo.

— Está bem. Já é suficiente — anunciou depois de uns cinco minutos. — Repetiremos esse exercício simples todos os dias. Observar a luz do Sol diretamente combate a insônia e assenta as bases para o trabalho que em breve faremos em sua mente.

— Como sabe que sofro de insônia?

— É só olhar para a sua cara! — respondeu o grandalhão, levantando-se num salto e me dando um tapa nas costas. — Anda, vamos nos mexer um pouco.

Ele começou a correr ao longo da praia. Eu tentava segui-lo, caminhando o mais rápido que podia.

— Daniel, você vai querer que eu pratique todos esses exercícios quando voltar à vida real? — eu disse, bufando como um boi. Só haviam se passado alguns minutos e eu já estava encharcado de suor. — Talvez nem seja... possível.

Meu companheiro assentiu levemente com a cabeça, como se estivesse esperando aquele comentário.

— Sua estadia aqui tem vários objetivos. Em primeiro lugar, vai ajudá-lo a sair dessa bolha de monotonia que o manteve psicologicamente preso à dor do passado.

"Em segundo lugar, os exercícios neste recanto natural farão com que você adquira um mínimo de vitalidade e saúde para prosseguirmos com o treinamento. Toda pessoa em uma fase difícil da vida deveria dedicar, pelo menos, três ou quatro semanas apenas para cuidados físicos antes de se aventurar em um novo projeto. Depois desse período, não é mais necessário empregar tanto tempo ao aspecto corporal."

– Entendi... – respondi ofegante. – Mas não tem uma ilha dessas na minha cidade, sabe? Como espera que eu faça o que está dizendo no lugar onde eu moro?

– As rotinas que aprender aqui podem ser praticadas em qualquer lugar, basta criar novos hábitos.

– Não sei... Acho que isso não daria muito certo para mim. Ultimamente, qualquer mudança que preciso fazer me parece do tamanho de uma montanha.

– Tenha fé. Tudo será mais fácil quando já estiver cuidando melhor do seu corpo e tiver mais vitalidade.

"Criar **novos hábitos** é um processo de várias etapas. No começo, o ideal é ter um ambiente propício e horários regulares. Se quiser parar de fumar, não vai conseguir isso em um bar. Se precisa realizar diariamente algo que requer concentração, não vai fazer isso em um local movimentado. Por isso estamos aqui, com horários rígidos.

"Se conseguir se manter firme nesta primeira etapa, começará a ver resultados motivadores, e já terá passado pelo mais difícil. Nesse sentido, é mais difícil fazer uma faísca do que alimentar uma fogueira.

"Verá por conta própria que, ao final do processo, os hábitos se tornarão parte de você. Então não importará onde você estiver, nem o horário, nem se está sozinho ou acompanhado. Você sempre encontrará um modo de realizar seus exercícios, isso eu garanto."

– Está bem – aceitei. – Entendo que é necessário insistir por 21 dias. – Eu havia lido em algum lugar.

– É uma estimativa. Essa história de 21 dias foi criada por um cirurgião que observou que esse era o período necessário para que pessoas amputadas se adaptassem a uma mudança tão terrível.

"No entanto, novas pesquisas mostram que esse período varia bastante de acordo com o perfil psicológico de cada um e dos hábitos a serem criados. Aliás, calcula-se que o tempo médio é, na verdade, de sessenta e seis dias. Passado esse tempo, qualquer pessoa é capaz de incorporar uma nova atividade à sua vida."

– Isso é mais de dois meses. É muito tempo!

— Bem, muito ou pouco é relativo, não acha? Pense que a cada novo hábito você terá mais autoconfiança e a certeza cada vez mais profunda de que é capaz de realizar qualquer coisa a que se dedicar.

•••

Refleti sobre tudo aquilo enquanto voltávamos para a cabana. Comemos ovos, nozes, tâmaras e abacate. Foi o café da manhã mais incomum que já tive. Não estava de todo ruim, mas senti falta de café com leite... com um dedinho de conhaque.

Depois, nos sentamos novamente na varanda.

— Você costuma vir muito aqui? — perguntei.

— Geralmente uma vez por ano — respondeu com uma expressão relaxada. — São dias que aproveito para descansar e me revigorar. Houve um tempo em que precisei passar longas temporadas aqui, para enfrentar minhas próprias crises...

Não era a primeira vez que ele mencionava seus percalços, e tentei imaginar o que poderia ter acontecido para mexer com alguém como Daniel.

— Também tive minhas tormentas, Nicolas, e juro que cada uma delas valeu a pena. Por isso digo que sei pelo que você está passando. Minha intenção é ajudá-lo.

— Desculpe, mas não entendo — reconheci em voz baixa, um tanto confuso.

— Não se preocupe. Tenha certeza de que, quando o treinamento acabar, você se conhecerá de um modo como nunca imaginou. Também vai entender melhor as pessoas ao seu redor, inclusive eu.

•••

O tempo passou sem que eu me desse conta. Todos os dias repetíamos a mesma sequência de atividades, fiéis aos horários do Sol. Daniel insistia que manter o ritmo facilitaria a recuperação de minha energia física, ao mesmo tempo que me ajudaria a estabelecer novos hábitos.

A verdade é que meu corpo começou a mudar.

Não havia nenhuma balança na ilha, mas era evidente que eu perdia gordura e ganhava musculatura em um ritmo impressionante. Passei a dormir melhor, e não me lembrava da última vez que havia me sentido tão bem. Fiquei bronzeado, e meu aspecto passou de um cadáver deprimido para alguém que acabara de voltar de férias relaxantes. Como se não bastasse, minhas crises de abstinência de álcool eram cada vez mais raras.

Claramente eu me sentia cada vez melhor. Ainda assim, não conseguia deixar de pensar no dia em que me demitiram nem no momento em que Sara me abandonou.

Nessas horas, **a raiva e a dor voltavam** mais fortes que nunca.

•••

– Concluímos a primeira etapa de sua preparação – Daniel anunciou inesperadamente em uma tarde após o jantar. Em seguida ficou calado.

Os dias em que convivi com ele me ensinaram a entender melhor seus momentos de silêncio. Eu sabia que às vezes ele precisava de seu próprio tempo para expressar algo.

– Você foi bem – acrescentou finalmente. – Seu corpo precisaria de um pouco mais de energia vital, mas acho que você já tem o mínimo necessário para passar à segunda etapa.

– Imagino que não vá me dizer que etapa é essa – comentei com certa resignação.

— O que posso dizer é que partimos amanhã. Conversei com minha equipe de colaboradores há algum tempo. Tenho uma reunião importante e gostaria que você me acompanhasse.

— Uma reunião? Claro. É muito longe?

— Não muito. Você já esteve no Quênia?

CAPÍTULO 7

O DEMÔNIO

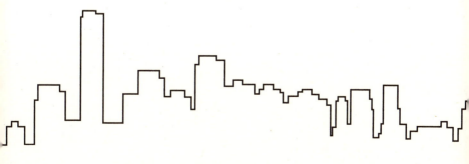

—Deus abençoe a civilização e suas comodidades! – exclamei me acomodando confortavelmente na poltrona do jato luxuoso.

Daniel observou minha satisfação com uma expressão que prenunciava um comentário.

– A melhor maneira de aproveitar as comodidades da vida é não precisar delas. Isso só é possível quando descobrimos nossa riqueza interior – afirmou em tom grave. – Sem alcançar esse patamar, o luxo se transforma em uma monotonia superficial, uma jaula dourada que apenas ressalta a necessidade urgente de olharmos para dentro de nós mesmos. Pode estar certo de que nem todas as riquezas do mundo conseguem satisfazer nossas carências pessoais.

Olhei meu companheiro e instrutor com certa irritação. Seu discurso me fizera sentir um pouco culpado.

Daniel então deu um tapinha em meu ombro e com um sorriso sentou-se à minha frente.

– Não me entenda mal. Fique à vontade e aproveite a viagem. Só quis dizer que o dinheiro causa uma cegueira bastante nociva, e quero ter certeza de que você entende meu ponto de vista. Não fique confuso com meus recursos materiais. Além disso – acrescentou em um tom descontraído –, você faz bem em aproveitar essas comodidades. Logo ficaremos sem elas.

•••

Depois de cerca de três horas de voo, aterrissamos em um pequeno aeroporto que não parecia se localizar na capital do país. Daniel me explicou que estávamos em Lokichogio, onde ficava a pista de pouso mais próxima de nosso destino.

Fazia um calor escaldante, e meu humor não estava dos melhores, então me senti grato pelo ar-condicionado do SUV que nos aguardava na pista. Ao meu lado, Daniel conversava em francês pelo celular. Ele nunca havia demonstrado nenhum sinal de preocupação, mas naquele momento parecia especialmente feliz.

– Chegaremos em umas duas horas – me disse depois de desligar o telefone. – Recomendo que aprecie a paisagem. – Dito isso, fechou os olhos e pegou no sono com um sorriso enigmático no rosto.

O caminho era uma estrada esburacada de retas infinitas. Tudo era deserto, seco e interminável. O calor não permitia o menor vestígio de vegetação, umidade ou presença humana.

Por mais que eu pensasse, não conseguia imaginar que tipo de reunião de negócios seria realizada em um lugar como aquele.

– O que achou? – perguntou Daniel depois de um tempo, ainda de olhos fechados.

– Acho que é o lugar mais desolado que já vi.

– De fato. A questão, meu querido amigo, é que suas emoções se encontram em um estado parecido. Parece que tudo é desolação, sem nenhum vestígio de vida.

– Não me diga que viemos até aqui para ilustrar essa metáfora infeliz! – respondi irritado.

– Estamos aqui porque quero que veja uma conquista profissional – explicou Daniel, sem dar a mínima atenção a meu mau humor. – Aproveitei a situação para mostrar algo sobre seu mundo interior.

"Estamos em Turkana, a região mais árida do Quênia. Assim como seu estado emocional, este é um dos lugares mais desagradáveis e castigados do mundo. Ainda assim, apesar das aparências, há muita vida aqui. Mais de um milhão de pessoas vive nesta região. São nômades que lutam todos os dias para encontrar água e comida.

– Água? Aqui? Você deve estar brincando. Até a umidade do ar desaparece com este sol. Olhe só a paisagem. Não deve chover aqui há uma eternidade.

– A vida sempre está presente, mesmo que não sejamos capazes de percebê-la. Sempre! – enfatizou erguendo o dedo. – Não importa quanto uma situação pareça inóspita, desesperada ou dolorosa. A vida sempre está presente. E onde há vida há esperança.

– Não sei aonde você quer chegar com isso. Sério – retruquei, cruzando os braços.

– Logo você vai entender. Não se deixe dominar pelo seu mau humor e preste atenção no que digo – Daniel pediu como se eu fosse uma criança. – Nosso mundo interior é composto de energias mais ou menos sutis, está lembrado? O aspecto físico é nossa manifestação mais densa, e minhas orientações explicaram como fortalecê-lo.

"Acontece que nossas emoções também se classificam de acordo com suas densidades. As mais sutis e refinadas são as mais poderosas. Ficam escondidas sob um manto grosseiro de emoções desagradáveis e pesadas."

– Sei. Igual ao meu mau humor, não é? – grunhi, olhando pela janela.

– É você quem está dizendo – Daniel sorriu amavelmente. – Mas, de fato, a raiva é a emoção mais superficial. Assim como esta paisagem, ela tem um aspecto muito agressivo. Debaixo da raiva, muito próxima dela, geralmente estão a tristeza e outras emoções relacionadas. Em um nível mais profundo estão nossos medos, e nos lugares mais obscuros de nosso subconsciente encontramos a culpa.

"Mas se ousarmos atravessar todas essas camadas emocionais, conseguiremos alcançar nossos sentimentos mais nobres. Esse – acrescentou, me olhando nos olhos – deve ser o objetivo de qualquer um que busque a riqueza verdadeira."

•••

O SUV saiu da rodovia e tomou uma estrada de terra avermelhada. Depois de alguns minutos chegamos a uma pequena aglomeração de carros estacionados de maneira caótica. Havia vans, SUVs e carros oficiais com vidros escurecidos. Uma das vans parecia ser de uma emissora local de TV.

— Mas o que...?

Era a última coisa que eu esperava encontrar em um deserto como aquele. Nosso carro parou perto de um pequeno caminhão, de onde alguns homens retiravam computadores e outros aparelhos eletrônicos que não consegui identificar. Um sujeito de óculos e cabelos brancos veio até nós, correndo com uma expressão tão alegre que parecia uma cena de comédia.

— Senhor Wheelock! Como sempre, chegou na hora certa. Está quase tudo pronto. Como pode ver, a notícia se espalhou — comentou, mostrando a van da emissora, onde uma jovem repórter dava os últimos retoques na maquiagem. — Veio gente do governo também.

— Imaginei que seria inevitável — respondeu Daniel despreocupadamente, apertando sua mão. — Este é Nicolas Sanz. Nicolas, este é Alain Gachet, engenheiro-chefe de prospecções.

— Prazer! — o engenheiro me cumprimentou educadamente. — Também vieram alguns turkanas. O líder do clã, seu conselheiro pessoal e suas esposas. Obviamente também querem presenciar o acontecimento.

Caminhamos até um caminhão amarelo com uma pequena torre na extremidade da carroceria. Uma espécie de tubo metálico girava em seu interior e penetrava o terreno enquanto um grupo variado de pessoas observava atentamente.

Entre eles estava um nativo muito alto e negro como uma sombra, rodeado de mulheres com cabelos bem curtos e colares trançados e de cores vivas. O nativo nos olhou brevemente e voltou sua atenção para a perfuratriz, sem alterar sua expressão severa.

— Então, vão perfurar petróleo? — perguntei, também observando ansiosamente o cilindro metálico que penetrava cada vez mais na terra avermelhada.

— Na verdade, é algo ainda mais valioso...

Antes que Daniel terminasse a frase, a terra vermelha começou a borbulhar em volta do tubo que furava o solo. De repente, após um estrondo ensurdecedor, uma grossa e clara torrente de água explodiu do chão até o céu, criando uma fina garoa sobre o lugar.

Olhei para minhas mãos, tentando entender o que acontecia, mas naquele momento todos foram tomados pela euforia.

Alguns técnicos começaram a gritar e se abraçar euforicamente. Um homem de terno tentava explicar alguma coisa em meio à gritaria, berrando no celular. A repórter dava instruções frenéticas para o operador de câmera. As mulheres nômades dançavam em círculos em volta do caminhão, cantando alegremente.

Daniel aplaudia entusiasmado o espetáculo.

– Água! – gritou. – Encontraram o maior aquífero subterrâneo do planeta, Nicolas! Sabe o que isso significa?

– Imagino que este pobre povo não passará mais sede.

– É muito mais que isso. Neste país vivem mais de 17 milhões de pessoas sem acesso a água potável. Com um aquífero desses, o Quênia terá água para consumo, agricultura e indústria pelos próximos setenta anos. Não haverá mais pobreza nem fome neste lugar!

– Nossa – murmurei impressionado. – Mas o que você tem a ver com isso tudo?

– Eu sou o principal acionista da empresa de prospecção geológica que descobriu o aquífero. Há alguns anos me interessei por seu sistema de trabalho e sua colaboração com a Unesco para solucionar o problema da falta de água em regiões como esta. O trabalho de muitos meses culminou no dia de hoje, e fizeram a gentileza de me avisar.

O engenheiro-chefe voltou para perto de nós, com lágrimas emocionadas no rosto.

– Muito obrigado pela confiança, senhor Wheelock. Temos consciência de que nada disso seria possível sem seu apoio.

Antes que Daniel pudesse responder, o líder do clã se aproximou e disse algo ao engenheiro. Alain chamou um tradutor, que conversou com o nativo em sua língua.

– Disse que nunca poderia acreditar que houvesse um rio correndo por debaixo da terra. Que isso vai mudar o destino de seu povo e que se sente honrado de poder compartilhar essa experiência com eles. Nos convidou para uma cerimônia à noite, em seu acampamento – transmitiu o tradutor.

– Ótimo! – Daniel respondeu, piscando para mim. – Não perderíamos algo assim por nada no mundo.

•••

A tarde avançava e o Sol escaldante parecia mostrar um pouco de clemência ao descer no horizonte.

Ainda assim, eu continuava suando.

"Quem pensaria em fazer uma fogueira num lugar desses?", sussurrei para mim mesmo, sabendo que ninguém conseguiria me ouvir em meio a todo aquele alvoroço.

Nós nos sentamos em um grande círculo em volta do fogo. Enquanto isso, as mulheres nômades continuavam dançando e cantando, louvando o deus Kuj por ter trazido água para suas terras.

Ao meu lado, Alain e sua equipe explicavam o trabalho realizado nas últimas semanas para chegar ao local exato da perfuração. Embora Daniel ouvisse com grande interesse, a julgar por algumas das perguntas que fazia, parecia já estar a par de tudo.

Alguns meninos nos ofereceram pequenas tigelas contendo um líquido espesso e de aspecto um tanto repulsivo.

– É leite de vaca – explicou Daniel, levando a tigela aos lábios e fazendo um gesto de agradecimento aos meninos.

Eu preferiria um pouco da água fresca recém-descoberta, mas não seria eu o único a rejeitar o gesto de hospitalidade. Ergui a tigela e dei um gole.

– Com um pouco de sangue de boi, claro. – Daniel acrescentou despretensiosamente.

Cuspi ruidosamente, encharcando as pernas de uma das dançarinas. Imediatamente pensei que os nativos me comeriam vivo pela desfeita.

Mas nem a mulher nem os outros perceberam o que havia acontecido. Daniel, no entanto, ria ruidosamente, enquanto Alain o observava, sem entender.

– Você... é... um... – me levantei com um salto e saí dali antes que dissesse o que se passava em minha cabeça. Era aquele idiota infantil que me ensinaria a viver a vida?

Caminhei furioso por entre as cabanas de galhos que formavam o acampamento. De repente, um nativo de cabelos brancos e pele enrugada saltou à minha frente. Estava com as pernas flexionadas e agitava os braços, como se eu fosse uma cabra desgarrada procurando seu rebanho.

Era só o que me faltava.

– Olha, senhor, não estou com cabeça agora...

– Saia desse corpo! – gritou o ancião.

– Você fala minha língua? – perguntei, perplexo.

– Saia desse corpo! – repetiu, agitando os braços e bloqueando minha passagem. Começou a gritar coisas incompreensíveis, mas uma palavra me pareceu familiar.

— Demônio?

— Demônio! — confirmou. Em seguida, com uma agilidade absurda para sua idade, me pegou pelo pulso e me obrigou a segui-lo para ainda mais longe da fogueira. Tentei me desvencilhar, mas o velho me conduzia como um boi.

Praticamente me arrastou até uma pequena pilha de troncos e galhos secos. Talvez fosse a reserva de lenha para fogueiras ou cabanas. O turkana pegou uma vara longa e grossa e a apontou para mim, mostrando a pilha de galhos.

— Saia! Saia! — vociferou.

Por um momento pensei que aquele selvagem enlouquecido me daria uma surra e depois me expulsaria do acampamento. Mas logo entendi que queria que eu pegasse a vara.

Segurei o galho com cuidado e fiquei olhando, sem saber o que fazer.

— Ele quer que você expulse o demônio que vive em você, Nicolas.

Daniel surgiu em meio à escuridão, mantendo certa distância. Eu queria enforcá-lo alguns minutos antes, mas agora era um alívio vê-lo.

— Que demônio? Este velho é louco!

— Não acho que seja – Daniel afirmou. – Aliás, diria que se trata de alguém excepcionalmente sábio. Ele só quer ajudar. Quer que você bata na pilha de lenha com essa vara. Ele acredita que assim expulsará... esse demônio.

— Demônio! Demônio! – gritou o velho. Me deu um empurrão no peito que quase me fez cair. **A raiva voltou a me dominar.** Por pouco não revidei o golpe com o galho que tinha nas mãos.

— Está bem! – berrei dando fortes golpes na pilha de galhos e olhando para o ancião. – Assim? Assim? Vocês estão muito loucos!

Por algum motivo, eu batia com cada vez mais força. Talvez eu fosse o mais louco por ali. Esse pensamento absurdo apenas aumentou a raiva que parecia brotar do meu estômago até o braço que golpeava.

Uma parte de mim reconhecia que eu estava gritando como um animal selvagem enquanto eu açoitava a pilha de lenha.

Vi a mim mesmo semanas antes, parado no carro em frente ao banco, prestes a explodir de raiva. Me lembrei de todas as vezes, no trabalho, em que ignorei meus valores pessoais para enganar clientes e bater as metas impostas. Do olhar frio de meu chefe quando me demitiu. De minha mulher dizendo que eu havia desistido de lutar e saindo de nosso apartamento para nunca mais voltar. Das infinitas recusas nas entrevistas de trabalho que me fizeram acreditar que eu não tinha mais nenhum valor profissional.

Vi tudo o que eu havia perdido, toda a vida arrancada de mim.

Vi meu pai pouco antes de morrer, e percebi como estava zangado com ele por ter me abandonado e colocado em mim o fardo de ser o responsável pela família.

Caí de joelhos, exausto, e desatei a chorar como nunca havia feito. Quis esmurrar a terra, mas não tinha mais forças. Só conseguia respirar, soluçando pelo esforço e pelo choro.

Ouvi o ancião sussurrando algo estranho enquanto movia as mãos ao meu redor. Suas palavras eram incompreensíveis, mas estranhamente reconfortantes.

Ergui meu rosto encharcado de lágrimas e encontrei os olhos amarelados do velho.

– O demônio vai voltar, mas você... Saia!

CAPÍTULO 8

UMA EXPLOSÃO CONTROLADA

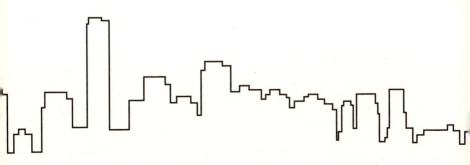

Alguém entrou e tocou meu ombro de leve para me acordar.

Eu estava deitado em uma das pequenas cabanas do acampamento turkana. A escuridão era quase completa. Depois do meu surto psicótico, o ancião não me deixou em paz até que eu entrasse ali para descansar. Não me lembrava de mais nada depois disso.

— Você não estava achando que se livraria dos exercícios só porque está aqui — disse a silhueta de Daniel em meio às sombras.

Observei-o em silêncio e alonguei as pernas para me levantar. Por incrível que pareça, há anos eu não dormia tão em paz.

– Imagino que não seja brincadeira, certo? – perguntei com uma vaga esperança.

– Claro que não.

Saímos da pequena estrutura semiesférica e inspirei satisfeito o ar límpido da manhã. Ainda estava escuro, mas o Sol começava a despontar no horizonte.

Já havia algum movimento no acampamento. Os meninos eram encarregados de trazer água para a tribo. Saíam ao amanhecer e percorriam até sessenta quilômetros em busca do precioso líquido. Estudar não era prioridade.

Pensei em como seria depois, com toda aquela água disponível no subsolo.

Em um local tranquilo, nos sentamos no chão para realizar a rotina de contemplação do sol nascente. Depois corremos em silêncio em volta do acampamento. Eu sabia que Daniel comentaria minha experiência com o ancião, mas eu não tinha vontade de tocar no assunto.

Daniel sentou-se novamente no chão, observando o horizonte com uma expressão distante. Imaginei que fosse algum novo exercício e me sentei também.

– Em uma época da minha vida, eu também vivi cego pela ilusão do poder – disse depois de um tempo, com um tom distraído. – Eu tinha mais dinheiro do que conseguia gastar, uma profissão pela qual eu era apaixonado e uma família que amava profundamente. Eu achava que tinha tudo, mas ainda não sabia de nada.

Voltou a ficar em silêncio, e senti que ia contar algo importante.

– Conheci minha mulher pouco depois de terminar a faculdade em Nova York. Ela era excepcional, Nicolas. Bonita em todos os sentidos e com a rara capacidade de alegrar qualquer um com sua positividade irresistível.

"Quando a conheci, pensei que não seria humanamente possível amar alguém mais do que eu a amava. Não demorou para eu descobrir que estava errado, claro. Criamos uma linda família e aprendi que o coração humano não tem limites quando se trata do amor que sentimos pelos nossos filhos.

"David, meu filho mais velho, sonhava em fazer um safari", continuou com um leve sorriso, "por isso decidi visitar este belo continente com ele e minha esposa. Meus outros dois filhos ainda eram muito pequenos e ficaram em Paris com os avós.

"Como de costume, minha mente estava quase toda concentrada nos meus negócios, e não em aproveitar completamente as férias com a família. Antes de começar a expedição, decidi fazer um desvio de alguns quilômetros até a fronteira com a Somália, para visitar umas terras com potencial de exploração de fontes de energia. Imaginei que não demoraria mais do que algumas horas e deixei os dois em um pequeno povoado, acompanhados do guia e alguns amigos."

Me remexi no chão, incomodado. Tive a intuição de que algo terrível aconteceria naquela história. Não tinha certeza se queria continuar ouvindo, mas ainda assim absorvia com toda a atenção as suas palavras.

– Quando voltei, o povoado havia sido atacado por uma milícia somali. O caos se instalou e o exército tentava evacuar o local. O pânico reinava. Havia vários corpos pelo chão, debaixo de cobertores sujos. Antes mesmo de ver com meus próprios olhos, soube que havia perdido minha mulher e meu filho.

Daniel me olhava com lágrimas nos olhos, e só o que pude fazer foi baixar o rosto, abalado com seu relato. Me lembrei de que ele havia comentado sobre uma época difícil de sua vida, mas jamais imaginaria uma experiência tão devastadora.

– Fui destruído, Nicolas – continuou Daniel, muito sério. – Não me lembro bem das semanas após a morte da parte mais querida da minha vida, mas as pessoas que me ajudaram naquele período contam que eu parecia ensandecido e que não falava com ninguém.

"Algum tempo depois descobri que no ataque foram utilizados armamentos fabricados por uma empresa com a qual meu grupo de investimentos colaborava intensamente. Saber daquilo reduziu a pó todas as minhas conquistas. Dinheiro, poder, reconhecimento... De repente nada disso fazia mais sentido. Abandonei o mundo dos negócios com o coração terrivelmente ferido e com a mente cheia de perguntas que precisavam de respostas."

Daniel inspirou e expirou lentamente, e um ligeiro sorriso reapareceu em seu rosto.

— As respostas demoraram anos para chegar. Precisei aprender a trabalhar meu mundo interior para ter coragem de **enfrentar minhas feridas**. Então finalmente compreendi o propósito de tanta dor, e alcancei a verdadeira riqueza interior. Hoje sei que não teria conseguido se não fosse essa experiência devastadora.

Olhei pensativo para a terra vermelha e poeirenta onde estávamos sentados.

– Mesmo assim você acredita que valeu a pena passar por tudo isso? – perguntei da forma mais delicada que consegui.

Meu amigo refletiu por alguns instantes, como se procurasse as palavras certas.

– O Universo provavelmente tem uma infinidade de leis – respondeu –, mas há três delas que devem ser consideradas em toda crise. A primeira é que ninguém, absolutamente, passa por dificuldades que não possa superar. A segunda é que todo esforço e dor são recompensados com acréscimo no momento certo. A terceira lei é que tudo o que nos acontece de realmente importante tem um propósito que cedo ou tarde compreenderemos.

"Na fase mais difícil da minha vida, decidi acreditar nessas leis, e comprovei como são infalíveis e valiosas. Hoje não se trata de acreditar, mas de saber que é assim.

"Por isso, aconselho você a fazer o mesmo. Se esforce para acreditar, Nicolas, e a vida lhe mostrará que, aconteça o que acontecer, ela estará sempre ao seu lado."

•••

Nos dirigimos para o local onde os técnicos haviam estacionado os carros. Alain surgiu de dentro de um dos SUV e nos ofereceu café de uma garrafa térmica. O francês explicou que, uma vez aberto o poço, haveria novas dificuldades a serem enfrentadas. A notícia correria por todo o país. O governo teria que cuidar para que os poços fossem bem utilizados e o aquífero não fosse contaminado. Além disso, seria necessário criar um projeto de sustentabilidade para definir quais alimentos seriam cultivados, considerando as características climáticas locais.

– Algumas dessas medidas estão além da nossa alçada – disse o francês, resignado –, mas faremos o possível.

Depois de uma breve despedida, tomamos o caminho de volta ao aeroporto. Meu companheiro consultava seu celular enquanto eu novamente contemplava a paisagem desértica.

Não conseguia tirar sua história da cabeça. Era difícil imaginar como alguém podia refazer sua vida depois de um golpe tão profundo.

– E então? – Daniel me perguntou, guardando o telefone. – O que achou da experiência?

– Fascinante. Fiquei feliz em ver que está envolvido em projetos tão interessantes.

– Que bom. Mas não foi essa a pergunta.

– Eu sei – respondi secamente. – Mas na verdade não quero falar muito sobre esse assunto.

– Bem, isso comprova que é um assunto de especial importância.

Me virei para ver se ele estava caçoando de mim, mas ele me olhava com completa atenção. Parecia estar sério.

– A verdade é que estou um pouco confuso – suspirei. – Não entendi muito bem o que aconteceu ontem à noite.

– Eu definiria como uma "explosão controlada".

– Como assim?

– Quero dizer que liberou sua raiva em um local seguro para você e os outros. O ancião soube enxergar em seu interior um excesso dessa emoção e ajudou a liberar parte dela. Ele a identificou como algum tipo de entidade maligna, da qual você precisava se livrar a qualquer custo.

"Mas indo além dessas crenças, me pareceu um exercício adequado para melhorar o seu estado emocional. Você acumulou raiva a vida toda, Nicolas. As mudanças difíceis que você enfrentou debilitaram suas forças físicas e emocionais. Isso também prejudicou significativamente sua capacidade de conter seu excesso emocional. Por isso seu humor está tão alterado ultimamente."

— Espere um minuto. Está dizendo que o motivo de eu estar zangado não é devido a tudo o que aconteceu?

— Acredito que suas últimas experiências não fizeram mais que alimentar a raiva quando ela já existia em excesso e que, com sua queda psicológica, todo esse conteúdo emocional veio à tona.

"A ira é relativamente fácil de ser percebida, mas poucas pessoas sabem geri-la adequadamente. A cada dia surgem vítimas de explosões de raiva descontroladas. Se essas pessoas aprendessem a liberá-la em um espaço seguro, evitariam graves complicações na vida delas e na dos outros."

— Entendi. Coloque um ancião turkana em sua vida e seus problemas desaparecerão, é isso? — disse, com um sorriso forçado.

— O sarcasmo também é uma forma de violência, meu amigo — Daniel comentou sério. — A violência indica raiva descontrolada, que precisa ser dominada. Repito o que disse na ilha sobre os exercícios físicos que ensinei a você: tudo o que aprender comigo pode e deve ser praticado em qualquer lugar.

– Está bem – murmurei em tom de desculpa. – Entendi.

– Quando o corpo físico tem vitalidade suficiente, o próximo obstáculo a ser vencido em direção à riqueza interior é a gestão correta das emoções desagradáveis. Quando essas emoções são reprimidas por muito tempo, transformam-se em um veneno que afeta nosso corpo e prejudica seriamente nossa percepção sobre as coisas.

"Sabe, eu não gosto de me referir às emoções como positivas ou negativas. Temos a tendência de rejeitar tudo o que é negativo, mas negar qualquer emoção é um grande erro. Prefiro chamá-las de emoções agradáveis ou formadoras e emoções desagradáveis ou limitantes."

– Hum, eu achei que o objetivo fosse acabar com a raiva, com o medo...

– Muitos pensam isso, mas essa não é a maneira certa de lidar com esse aspecto da energia interior. Em geral, acredita-se que as emoções desagradáveis são como um depósito que deve ser esvaziado, ou como uma substância que deve ser eliminada de nosso interior.

"Há dois erros nessa crença. Em primeiro lugar, se tentarmos simplesmente 'eliminar' ou 'destruir' alguma parte de nós, mesmo que seja algo que aparentemente só desperta dor – como raiva, tristeza, medo, culpa –, isso criará uma negatividade que retroalimentará essa emoção.

"Além disso, o problema não são nossas emoções desagradáveis em si, mas nossa incapacidade de administrá-las corretamente. A questão, portanto, não é eliminá-las, mas dominá-las.

"Tenha em mente que nossas emoções desagradáveis existem por uma razão. A raiva, por exemplo, nos ajuda a entrar em contato com nossa força pessoal, a tristeza estimula a sensibilidade e a capacidade de amar."

– Supondo que isso tudo esteja certo, como consigo esse domínio emocional? Sem dúvida, qualquer um ficaria feliz com isso.

– O primeiro passo é perceber quais estados emocionais que tentam se manifestar estão sendo reprimidos ou negados. O objetivo é permitir que essa emoção se expresse livremente, mas de forma consciente, e não prejudicial como você fez ontem à noite. Existem vários caminhos terapêuticos para isso, mas o objetivo sempre é permitir que seu corpo e sua voz se guiem pela emoção. Assim, a pessoa grita e bate em algo movido pela raiva ou frustração, ou chora e se encolhe quando sente uma tristeza profunda, ou permite que seu corpo se tencione e paralise de medo. O tipo de reação física depende sempre do tipo de emoção percebida.

– Nem eu acreditei no que estava fazendo ontem, Daniel – reconheci. – Era como se uma parte de mim me observasse, enlouquecido.

– Sim. Às vezes acontece. Ainda mais quando a emoção desagradável foi reprimida durante muito tempo. O segredo é realizar o exercício de expressão o mais conscientemente possível. Ou seja, perceber que o que está acontecendo é porque você permitiu, e não porque suas emoções anularam sua vontade. Caso contrário, não seria exercício; seria simplesmente o que acontece com todos quando a pressão emocional toma conta.

Voltei a me lembrar da cena do carro, em frente à agência do banco. Pensei em tudo o que se passou em minha cabeça naquele momento e engoli em seco. Estive muito próximo de me meter em sérios problemas por causa de toda aquela raiva.

– Esse processo de liberação consciente deve ser realizado quanto antes, já que toda emoção encarcerada em nosso inconsciente continuará crescendo se não for tratada e poderá acabar se transformando em uma emoção ainda mais nociva e difícil de lidar. A raiva, por exemplo, quando reprimida durante muito tempo, acaba se transformando em amargura, a tristeza se transforma em depressão, e o medo vira uma insegurança patológica diante de qualquer situação.

Concordei em silêncio. Tinha de reconhecer que me identificava muito com tudo aquilo. Amargura era a palavra que definia melhor os últimos meses da minha vida.

— Graças à sua experiência de ontem, você agora pode dizer que deu o primeiro passo rumo ao belo ofício do domínio emocional — continuou Daniel com certa gravidade. — Como o ancião nômade sabiamente o advertiu, "o demônio vai voltar". Ou seja, você sentirá novamente o turbilhão de raiva tentando controlar sua vontade.

"Por isso o aconselho a não deixar de praticar o exercício de liberação. Use uma almofada, um colchão ou qualquer coisa que ajude a se expressar livremente quando evocar lembranças do passado.

Me remexi no banco do carro. Não tinha nenhuma vontade de passar por tudo aquilo outra vez. Daniel percebeu meu incômodo.

— Sei que será um grande esforço de sua parte. Quando começamos a praticar esse exercício, surge todo tipo de resistência. Mas a recompensa sempre vale a pena.

"Entretanto, garanto que é mais simples do que sua mente faz você acreditar. Bastam alguns minutos por dia para que fique cada vez mais fácil. Lembre-se, com todos os detalhes possíveis, dos momentos que despertaram sua raiva e você não pôde ou não soube como expressá-la. Ao relembrar, mesmo que não queira, esmurre a almofada ou o colchão. O próprio movimento do corpo ajudará a fazer a conexão com a emoção a ser liberada.

– Está bem – suspirei. – Vou tentar. Mas já estou com exercícios demais, Daniel. Não sei se vou conseguir dar conta de todos.

– O exercício só é necessário por algumas semanas. Você mesmo perceberá quando parar. De qualquer forma, vamos adaptando seus exercícios conforme o treinamento avançar.

– Entendi. Mas pelo que você falou, isso tudo é somente o primeiro passo no trabalho com as emoções. O que vem depois?

Daniel sorriu.

– Você vai ver por si mesmo em nosso próximo destino.

CAPÍTULO 9

AUTOCONFIANÇA

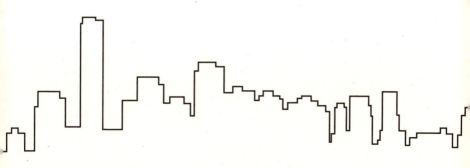

O carro freou bruscamente para evitar o choque com o caminhão que nos fechou. Ao mesmo tempo, uma motocicleta velha nos ultrapassou a toda velocidade, passando a poucos centímetros de nosso veículo.

Olhei pela milésima vez para nosso motorista, que, embora não deixasse de usar a buzina, dirigia com uma indiferença inexplicável. Com o coração na boca, tentei me acalmar e concentrar minha atenção em algo além do trânsito caótico à nossa volta.

Pela janela, via ruas de terra e roupas de cores vivas... Meninos corriam entre vendedores ambulantes, e um emaranhando de cabos telefônicos ligava os edifícios baixos e velhos.

O carro voltou a andar e ultrapassamos o caminhão sem maiores problemas. Parecia que o país estava mergulhado no caos, e, ainda assim, tudo parecia funcionar com surpreendente facilidade.

Estávamos na Índia. Mais precisamente no distrito de Jalandar, como Daniel explicou.

O velho sedã de vidros escurecidos entrou em um lugar com jardins e grandes árvores. O lugar parecia estar a salvo da perturbação e do barulho da cidade. O motorista reduziu a velocidade e atravessamos aquele oásis de tranquilidade até um grande edifício branco.

– Bem-vindo à Universidade de Medicina Integrativa de Jalandar – declarou meu companheiro. – Trata-se de um hospital universitário e centro de pesquisas especializado na integração de ciências médicas tradicionais. Foi inaugurado há pouco tempo, e seu atendimento tem sido um sucesso. Médicos do mundo todo querem se pós-graduar aqui.

– Medicina tradicional? – perguntei ao sairmos do carro rumo à entrada.

– Isso mesmo. Aqui são estudadas todas as práticas medicinais utilizadas pelo ser humano ao longo da história, como a Ayurveda, daqui da Índia. No centro de pesquisas realizam estudos aprofundados sobre a eficácia dessas disciplinas e tentam adaptá-las ao conhecimento atual.

Na entrada havia uma grande mesa circular, onde várias recepcionistas atendiam a uma longa fila de pacientes. Uma mulher de jaleco branco e cabelo loiro se aproximou de nós a passos duros.

– Não vá me dizer que está pensando em fazer outra de suas visitas incógnito – perguntou a Daniel com um tom ríspido.

– Juro para você que acabamos de chegar, Elisa! – o homenzarrão se justificou. – Aliás, eu ia avisá-la que chegamos antes de mostrar as instalações a ele.

A mulher olhou para mim e sua expressão se tornou mais simpática, ainda que examinadora.

– Você deve ser Nicolas. Prazer em conhecê-lo – e me estendeu a mão. – Sua ajuda virá em boa hora. Estamos com poucos pediatras, sabe?

Fiquei olhando para ela sem saber o que dizer.

– Ela é a diretora do centro hospitalar – explicou Daniel. – Há alguns dias propus a ela que você colaborasse no hospital. Eles estão sobrecarregados e sei que você tem jeito com crianças.

– Tenho jeito com...?

Aquele homem estava completamente louco.

– Não sei de onde você tirou isso! Se está se referindo aos meus estudos de medicina, que sequer terminei... Isso foi há trinta anos, Daniel! Não tenho condições de exercer a profissão! Não saberia diagnosticar nem um resfriado!

Curiosamente, a bela diretora me olhou com ainda mais ternura. Quem aqueles olhos me faziam lembrar?

– Ele é exatamente como você me falou, papai – disse sem tirar os olhos de mim. – Mas você ainda não me deu um beijo! – acrescentou, com as mãos na cintura.

Ato contínuo, Daniel a abraçou, erguendo-a com um grunhido carinhoso e chamando a atenção de todos.

...

Passamos a hora seguinte percorrendo as instalações, com Elisa e Daniel caminhando de braços dados. O lugar era impressionante. Salas de cirurgia, laboratórios, salas de aulas... tudo equipado com tecnologia de ponta.

– Mais de uma centena de médicos residentes trabalham aqui atualmente, e a cada ano recebemos mais candidaturas – explicou Elisa com um orgulho evidente. – Parece que há um crescente interesse por parte da comunidade médica em uma medicina com visão mais ampla, entendida de modo rigoroso e científico, sem pressões econômicas.

— Pressões econômicas? — perguntei.

Antes de responder, a doutora se deteve e soltou um suspiro enquanto consultava um pequeno aparelho que havia tirado do bolso. Então fez um gesto com a mão, indicando que esperássemos ali, e desapareceu atrás de uma porta.

— Ela quis dizer os grandes laboratórios farmacêuticos — explicou Daniel. — É um dos negócios mais lucrativos e com grande peso na economia mundial. Infelizmente também influenciam no progresso científico e na qualidade de vida de todos. O enfoque dado aqui tenta minimizar a interdependência entre pacientes e medicamentos. Ou seja, qualquer coisa que dê ao paciente autonomia sobre sua própria saúde. Mas isso nem sempre é interessante aos negócios farmacêuticos. É triste, mas a questão é que erradicar uma doença acaba também com os lucros gerados com os medicamentos paliativos.

Elisa reapareceu, revisando um calhamaço de documentos, mas voltando sua completa atenção à nossa conversa.

— Entendi. Ou seja, vocês estão remando contra a maré, certo?

— Você nem imagina quanto — bufou a mulher, tomando novamente o braço de seu pai. — Por sorte, neste país temos certa liberdade para desenvolver este projeto. Por outro lado, a desigualdade social aqui é enorme, e também tentamos colaborar com nosso grão de areia nesse quesito. Embora nossos atendimentos médicos sejam particulares, abrimos as portas do hospital dois dias da semana a qualquer um que necessite. Todos os residentes e estudantes participam desses atendimentos.

Cruzamos uma porta verde na qual havia uma placa dizendo "Ala de Pediatria". A atividade era frenética ali. Funcionários corriam por todas as direções, enquanto uma enorme fila de crianças acompanhadas pelos pais atravessava a sala em direção ao exterior do edifício.

— Daniel me contou que você se interessava pela pediatria quando mais jovem — Elisa comentou com um sorriso provocador e cúmplice. — Sabemos que isso foi há muito tempo, mas fique tranquilo porque aqui você poderá ajudar do modo que se sentir mais confortável... e quando quiser, claro.

Passou então por nós uma maca com uma menina que chorava aterrorizada.

Percebi que estava ficando bastante nervoso.

— Esta é a terceira parte do seu treinamento, Nicolas — disse Daniel, pousando uma de suas enormes mãos em meu ombro. — Se estiver tudo bem para você, deixamos minha filha voltar ao trabalho para que eu possa explicar melhor.

— Foi um prazer, Nicolas, muito bom ter você aqui — disse a mulher, e com um último sorriso desapareceu entre os funcionários apressados pelos corredores.

— Daniel, sinceramente, não sei se consigo fazer isso — declarei um tanto confuso ao sairmos do prédio. — Acho que sou completamente incapaz de...

— Eu sei. Mas você não tem que atuar como médico, só precisa estar disposto a ajudar. Este lugar precisa de toda colaboração possível.

Fiquei em silêncio. Eu havia me comprometido a confiar naquele homem e prosseguir o estranho treinamento até o final. Mas, por algum motivo, aquela prova parecia difícil demais para mim.

— Como você se sente? — perguntou Daniel.

— Não sei. Incomodado, preocupado...

– A preocupação é uma das filhas do medo. Você sente medo porque essa experiência traz à tona **questões pendentes do seu passado**. É uma das emoções limitantes mais profundas e difíceis de enfrentar. Ainda assim, por trás de cada medo nosso existe sempre um grande tesouro.

– Como assim?

– Nossos medos são apenas os guardiões emocionais de algum aspecto positivo oculto em nosso interior. Podem ser qualidades ou capacidades pessoais, mas também uma visão mais ampla e precisa sobre nós mesmos e nossa vida. Saiba que o valor desse tesouro interior é sempre proporcional ao tamanho do medo que o esconde.

Eu sabia que Daniel estava tentando ao mesmo tempo me encorajar e desafiar com essa explicação, mas me mantive em silêncio.

– Por outro lado, quando deixamos de negar ou tentar eliminar nossos medos e, em vez disso, nos acostumamos a viver amigavelmente com eles, pouco a pouco cresce em nós uma das qualidades mais valiosas que existem.

– Qual?

– A autoconfiança, claro.

Atravessamos os jardins e chegamos a um grande conjunto de bangalôs de madeira. Daniel parou em frente a um deles, tirou uma chave do bolso e a colocou na palma da mão.

— Aqui será sua residência pelo tempo que permanecer aqui... caso aceite seguir com o treinamento, claro. E então? Tem coragem de encarar a origem de suas inseguranças, o lugar de onde surgem todos os "não consigo", o lugar de onde virá sua melhor versão?

Com um resmungo tomei a chave da mão dele, tentando não pensar nas consequências do que eu estava fazendo.

•••

Como todas as manhãs nas quase duas semanas em que já estava ali, subi no telhado de madeira do bangalô para observar os primeiros raios de sol. Queria perguntar a Daniel se ainda era necessário fazer aquilo, já que minha insônia parecia ter desaparecido por completo.

No entanto, meu imprevisível instrutor foi embora no mesmo dia em que chegamos ao hospital. Deixou um bilhete grudado na porta do meu quarto: "Nicolas, tenho que fazer uma rápida viagem de negócios pelo norte do país. Aproveite ao máximo sua experiência neste lugar. Um abraço".

Depois de alguns minutos contemplando o amanhecer, desci do telhado com cuidado, refletindo sobre minha estadia ali.

Fiquei aterrorizado nos primeiros dias. Tinha medo de não conseguir superar aquela prova, de não conseguir me encaixar naquele lugar, de não ser aceito pelos outros, de ser incapaz de ajudar em qualquer coisa... Minha insegurança infantil me surpreendia, e eu me perguntava de onde ela vinha. Mas, conforme os dias foram passando, comecei a pensar que Daniel tinha razão quando me disse que eram questões relacionadas ao meu passado.

Felizmente, Elisa me ajudou muito desde o primeiro momento. Pouco a pouco fui descobrindo que meu trabalho não seria tão difícil quanto eu temia.

Minha principal função era ajudar as enfermeiras em tarefas básicas, como levar as crianças de um local a outro, servir refeições e fazer curativos simples.

Enquanto realizava minhas tarefas, observava com atenção o trabalho dos médicos residentes, e logo comecei a sentir o desejo de relembrar aprendizados que já havia esquecido. O trabalho me fazia pensar em minha juventude, na época de faculdade, e sobretudo em meu antigo sonho de ser médico.

Após a repentina morte de meu pai, não hesitei um segundo em abandonar os estudos para me encarregar dos negócios da família. Ainda assim, foi uma renúncia dolorosa. Somente agora, meia vida depois, começava a compreender quanto aquilo havia me afetado. Escutei os passos apressados de alguém se aproximando. Era Elisa. Ambos fazíamos nossos exercícios na primeira hora do dia. Ela veio correndo com uma grande caixa lacrada nas mãos.

— Bom dia! Nova modalidade de treinamento? — brinquei, apontando para o pacote.

Colocou a caixa no chão rindo, aliviada por se livrar do peso.

— Meu pai me disse que você provavelmente precisaria disto depois de algumas semanas. Então aqui está. Encomenda entregue!

Olhei a caixa desconfiado. Quando se tratava de Daniel, podia ser qualquer coisa.

— Sabe o que é?

— Não faço ideia — respondeu dando de ombros. — Nos vemos no café? Minha sessão de hoje já acabou.

– Claro – confirmei sorrindo.

Observei-a absorto enquanto saiu correndo. Por algum motivo, a companhia daquela mulher sempre me deixava com um sorriso no rosto.

Depois de um suspiro involuntário, voltei minha atenção para a caixa. Entrei no bangalô e, após hesitar por alguns segundos, rasguei o lacre, ansioso para saber o que tinha dentro. Uma torrente de emoções conflitantes me fez dar um passo para trás sem nem perceber. Era uma surpresa agradável, mas me senti tenso como se estivesse diante de algum perigo.

Na caixa estavam minhas anotações da universidade e alguns dos meus antigos livros de medicina.

Uma parte de mim queria examinar aquelas folhas, mas outra sabia que fazer aquilo significaria abrir uma porta que eu havia me obrigado e fechar muito tempo atrás. Senti um medo incompreensível. Dei um passo à frente e, muito lentamente, acariciei a capa desbotada de um livro de anatomia. Sabia que suas páginas estariam repletas das minhas anotações a lápis, e fui invadido pelas memórias das aulas da faculdade.

Olhei nostálgico para os velhos cadernos, cada um dedicado a uma matéria diferente, e me lembrei de meus dias de universidade, dos amigos, da juventude, dos desejos e projetos – minha ingenuidade de rapaz. Em alguns poucos instantes, todas as lembranças enterradas ressurgiram.

– **Foram os dias mais felizes da minha vida** – disse para a caixa aberta. Não foi um lamento melancólico, mas uma confissão que eu precisava fazer. A constatação de um fato que naquele momento me parecia mais evidente que nunca.

Então suspirei, sorri e lentamente peguei um dos cadernos ao acaso.

CAPÍTULO 10

MEU AMOR

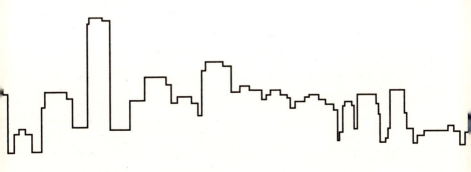

Semanas se passaram rapidamente e quase não me dei conta de que havia me adaptado à rotina do lugar. Trabalhava de manhã e passava a maior parte da tarde assistindo às aulas da pós e estudando minhas anotações e livros.

Logo percebi que precisava voltar à faculdade, pois muito do meu antigo material de estudo estava defasado depois de quase trinta anos.

Em vez de me desmotivar, aquela ideia me encheu de entusiasmo. Continuar meus estudos? Por que não? Talvez fosse o momento de retomar a única coisa que me fez sentir realmente motivado na vida. A inesperada chegada daquela nova ilusão foi como se alguém tivesse acendido uma luz em algum lugar dentro de mim.

Elisa não exagerou ao afirmar que estavam atolados de trabalho. O fato de o hospital atender de graça os necessitados atraía milhares de pessoas de diversos lugares do país. Somente a vocação e a eficiência dos que trabalhavam ali permitiam que, apesar de tudo, aquele centro médico pudesse atender todos que o procuravam.

Fui conhecendo algumas das pessoas que formavam a equipe médica e descobri que, além de serem altamente qualificadas, muitas possuíam uma ampla experiência em trabalhos humanitários em diversos outros países. **Todas, sem exceção, haviam feito de sua vocação a sua profissão.**

Eu realizava minhas tarefas no hospital e tratava os jovens pacientes com cada vez mais confiança. Sempre que podia, visitava a unidade de tratamento intensivo, onde conquistei a amizade de um pequeno grupo de crianças. A maioria havia sofrido lesões de extrema gravidade e não poderia mais andar, enxergar ou ser independente.

As histórias eram dramáticas. Todas. Mesmo assim, me surpreendia com a alegria com que era recebido, simplesmente porque dava-lhes um pouco de atenção e brincava alguns minutos com elas.

As visitas logo se tornaram uma parte agradável da minha rotina diária.

Conhecer aquelas crianças foi uma das experiências mais preciosas de minha vida e eu sentia vergonha por ter desmoronado sob as pressões de minha situação. Aquelas crianças tinham muito mais coragem que eu.

•••

Certo dia Daniel apareceu de repente. Entrou cumprimentando a todos na hora do café da manhã.

– Nicolas! – disse aquele gigante abrindo os braços para mim. Desta vez, seu abraço de urso não me pegou desprevenido. – Ora, veja você! Que cara alegre – afirmou ao se sentar comigo.

– Obrigado – respondi com um sorriso. – A verdade é que me sinto bem mesmo.

– Ah, meu amigo! A energia do coração é capaz de ressuscitar os mortos!

– Sim – suspirei. – Acho que eu estava meio morto, não é?

– Eu diria "dessensibilizado". Toda a sua dor varreu seu marasmo emocional. Você está acelerando na estrada rumo à riqueza interior. Mas me diga! O que tem feito por aqui?

– No começo sentia tanto medo que era difícil me arriscar a sair da toca. Aceitar que ainda podia me interessar pela medicina foi surpreendentemente difícil. Mas com o passar dos dias fui me sentindo cada vez mais confiante. Estou até me divertindo como há muito tempo não acontecia.

Daniel me ouvia e concordava com clara satisfação.

– Quando jovem, você precisou assumir uma grande responsabilidade para superar uma situação familiar difícil. Essa experiência o levou a assumir a falsa crença de que é preciso se privar das coisas que realmente deseja. É um comportamento equivocado que precisa aprender a reconhecer, pois acabou fazendo-o negligenciar a pessoa mais importante de todas: você mesmo. Às vezes, precisamos nos dar o que merecemos para poder chegar mais perto do que necessitamos. Uma parte de você sabia que assumir isso implicaria uma grande transformação do seu mundo interior. Era daí que vinha todo esse medo que sentia.

Olhei para ele fascinado, sem dizer uma palavra. Sua capacidade de entender o meu mundo emocional com extrema facilidade, como quem lê um conto de fadas para crianças, não deixava de me surpreender.

– Seu treinamento aqui tinha dois objetivos – continuou Daniel. – Por um lado, precisava trabalhar um pouco mais esses medos de que me falou. Embora isso, na realidade, seja algo que já está fazendo desde o momento em que decidiu me acompanhar. A aceitação da raiva e do medo completam a primeira fase do seu trabalho emocional, pois não me parece que você tenha problemas com tristeza reprimida. O segundo objetivo da sua estadia era começar a estimular seus sentimentos mais poderosos por meio da ação. Esse é o motivo verdadeiro de você estar aqui.

– O que você quer dizer, exatamente, com essa coisa de sentimentos... poderosos?

– Como já lhe expliquei, ter a coragem de sentir seus medos sem deixar que eles o paralisem acaba fortalecendo sua autoconfiança. As pessoas que já desenvolveram suficientemente essa qualidade não se abalam pelas situações ou medos, por mais graves que sejam. Sempre haverá um lugar em seu coração, além da lógica, que saberá que tudo vai acabar bem. Na verdade, decidir aceitar nossos temores é muito mais que um exercício; é uma atitude que dá lugar a uma nova forma de vida.

Concordei profundamente, em silêncio, e prometi a mim mesmo que nunca mais daria as costas aos meus medos e que desenvolveria essa poderosa qualidade o máximo possível.

– A segunda emoção capacitadora que também pode ser estimulada por este lugar sai do coração. Quando nos damos a oportunidade de fazer algo por alguém de maneira completamente desinteressada, desenvolvemos a qualidade da autoestima.

"A autoestima é o primeiro botão de amor puro que surge em nós... que chega até nós. É um sentimento que brota do nosso coração quando a couraça de gelo sobre ele se derrete. Nos impele a cuidar de nós mesmos com carinho e compreensão, a buscar aquilo que desejamos, a desfrutar cada experiência. É a energia do amor... ela age diretamente sobre nós.

"É importante ver que é a única energia capaz de curar nossas feridas emocionais criadas pela falta de afeto. Acredite em mim quando digo que quase todos nós temos feridas afetivas em nossos corações,

Nicolas. Pais que não cuidaram bem de seus filhos, relações amorosas que terminam em dor, amizades perdidas...

"É quando nosso centro emotivo foi ferido em algum lugar do passado, especialmente ao longo de nossa infância. Depois, já adultos, criamos uma série de mecanismos para nos proteger dessas feridas e acabamos nos convencendo de que são parte de nós. Mas são apenas máscaras!

"Uma crise faz com que essas máscaras se estraçalhem. De certo modo, uma crise pessoal é a solução que a vida nos oferece para que deixemos de nos enganar. É um processo doloroso, mas necessário, pois é a única maneira de recuperar nossa verdadeira sensibilidade.

"A autoestima é a primeira mudança importante desse processo. No entanto, como o resto de nossas emoções capacitadoras, não aparece 'por acaso'. É preciso, primeiro, possuir energia vital suficiente e, depois, dedicar uma parte dessa energia a dar sem esperar nada em troca."

– A verdade é que não me considero especialmente generoso – reconheci. – Embora me agrade fazer boas ações a pessoas que eu gosto.

O olhar de meu instrutor brilhou com nova intensidade.

– O que vou dizer agora pode ser difícil de aceitar, mas, em geral, sempre que fazemos alguma coisa para alguém, esperamos algo em troca. Um ato impessoal é dar sem olhar a quem, sem se importar com a gratidão ou se essa pessoa sabe o valor do que foi dado.

– Entendo – murmurei pensativo. – Acha que trabalhar aqui estimulou em mim esse tipo de atitude... altruísta?

– Isso mesmo. O contato com as crianças e a possibilidade de ajudá-las da melhor maneira possível, mesmo sem saber se voltará a vê-las quando se forem, mesmo que saiba que nada poderá curá-las completamente. Sem dúvida que tudo isso foi um grande estímulo para sua capacidade de amar.

– Só sei dizer que me sinto melhor, Daniel – reconheci. – Ultimamente tenho sentido uma espécie de... calmaria que sempre me acompanha. Também voltei a ficar entusiasmado com novos projetos, que era uma coisa que achei que nunca mais sentiria. Sabe? Acho que devagar começo a entender seu conceito de "riqueza interior".

Daniel deu um sorriso cúmplice.

— Precisamos experimentar as coisas para entendê-las completamente, meu caro. Mas você ainda tem um caminho a percorrer. No final, também entenderá que a riqueza não é algo reservado para poucos... é um tesouro disponível para todos.

"O ato de dar incondicionalmente é um exercício indispensável para chegar lá. Não precisa ser algo espetacular. O objetivo é ajudar, tentando por todos os meios que ninguém saiba de onde veio a ajuda. Se praticar isso com persistência, desenvolverá ainda mais sua autoestima, e, meu caro, isso o fará entender o verdadeiro significado da plenitude."

— A plenitude é outra qualidade?

— De fato. Embora seja... um tanto difícil de descrever. A plenitude surge da fusão entre a autoconfiança e a autoestima. Na linguagem emocional é o que mais se parece com a felicidade ou com que eu chamo de "riqueza interior". Mas ainda faltam alguns passos para chegar a ela.

— Vamos — sorri ansioso por conhecer as próximas provas que me esperavam. — Ainda faltam muitas surpresas?

Daniel assentiu com sua cara de menino travesso.

...

O avião ganhava altitude enquanto deixávamos a cidade de Jalandar.

Minha estada naquele lugar havia despertado algo muito especial em mim e sabia que os dias que tinha passado ali seriam lembrados como uma das experiências mais especiais da minha vida.

Não foi fácil me despedir de Elisa, mesmo ela garantindo que voltaríamos a nos ver. Eu precisava reconhecer que aquela mulher tinha algo que me perturbava e me atraía ao mesmo tempo. Na verdade, sua companhia era mais agradável do que eu estava disposto a admitir, pois me obrigava a recordar os dias mais felizes que tive com minha ex-mulher.

Foi então que descobri que o dia em que Sara me abandonou havia deixado de ser uma memória tão dolorosa. Por alguma razão, agora eu entendia sua decisão e me sentia disposto a tentar recuperar minha relação com ela.

Suspirei profundamente enquanto abria mais a janela e desviava o olhar do lugar de onde estávamos partindo.

Sem dúvida, o mais doloroso daquela despedida era deixar as crianças da unidade de tratamento intensivo. Quando as visitei pela última vez, levei muitos brinquedos. Me receberam com a algazarra de sempre, disputando minha atenção sem sair de suas camas.

E, para minha surpresa, elas também haviam preparado um presente de despedida.

Olhei consternado para as pulseiras identificadoras coloridas em meu pulso e senti meus olhos marejados ao lembrar de seus rostos.

— Há um tempo para tudo — disse Daniel em voz baixa de sua poltrona. — Daqui a algum tempo, se quiser, poderá voltar. Mas agora você deve continuar seu treinamento.

— Estou preparado — repliquei com firmeza. Me sentia pronto para qualquer coisa que cruzasse meu caminho.

— Lembre-se de que a raiva é a mais superficial das emoções desagradáveis, seguida da tristeza e do medo. O medo se aloja mais profundamente. Elas são consideradas as emoções limitadoras básicas, mas existe uma quarta que geralmente age em nosso subconsciente mais profundo. Estou falando **da culpa**.

— Bem, nesse assunto estou em vantagem — mencionei com certa segurança. — Não acho que seja uma emoção que me afeta muito.

— Isso é o que você pensa... Mas, como lhe disse, se trata de uma emoção difícil de perceber. Ela age reduzindo nossa capacidade de amar e se esconde debaixo de outras emoções limitadoras que atraem mais a nossa atenção. Não é à toa que as pessoas dizem "o peso da culpa".

"Sugiro o seguinte: encontre na memória situações dolorosas que até hoje precisem ser resolvidas. Devem ser experiências em que você esteve envolvido diretamente e em que você acha que, de alguma maneira, cometeu algum erro."

Segui as instruções de Daniel e me surpreendi com a rapidez com que me lembrei de algo que se encaixava no que ele disse.

— Meu casamento. Acho que acabou, em parte, por culpa minha. Dediquei tempo demais ao trabalho e não soube cuidar da minha relação com Sara. Quando perdi meu emprego e me perdi, a relação já estava muito delicada e, bem, ela não conseguiu suportar.

— Deviam ensinar a todos nós, desde crianças, que todo ser humano tem o direito de errar quantas vezes forem necessárias. O problema não está em nossos erros, mas no modo como precisamos assumi-los. Mas agora seu coração está mais forte, Nicolas. Quero que feche os olhos e tente se lembrar de como você era naquele momento de sua vida.

Me vi tomando café da manhã apressado em nosso apartamento enquanto Sara me observava com uma xícara de café nas mãos. Vi pesar naqueles olhos, mas eu só pensava nos problemas que me esperavam no escritório.

Em pouco tempo, aquele olhar triste se transformou em indiferença. Os finais de semana, as férias, os momentos juntos passaram a ser uma rotina cada vez mais vazia de sentimentos.

Entendi que uma parte de mim não queria prestar atenção no que ocorria, pois isso me levava a um lugar instável e perigoso. Era um lugar que eu não sabia controlar... Mas a verdade é que eu não podia negar que havia perdido minha esposa muito antes de ela me abandonar.

Enquanto repassava essa memória, comecei a sentir uma dor profunda e opressora em meu peito. Uma vontade irresistível de chorar me invadiu.

— Tudo bem, Nicolas. É só um pouco de tristeza — disse Daniel ao meu lado. — Já sabe o que precisa fazer. Não segure o choro, deixe as lágrimas rolarem. Agora, imagine-se quando ainda era criança, o mais detalhadamente possível.

"Repare que é um menino que somente aprende diante dos desafios. Faz o melhor que pode, mas não consegue evitar se machucar. Imagine que esse menino ferido seja um dos que atendia no hospital. O que sente por ele?"

— Sinto... compaixão — murmurei entre lágrimas, com os olhos fechados.

Daniel se calou. Seu silêncio me permitiu que eu me aprofundasse nessa nova sensação de compaixão por mim mesmo e nos erros que achei que cometi em meu casamento.

— O perdão não é o melhor remédio para a culpa. É o amor — disse meu companheiro em voz baixa depois de algum tempo. — O conceito de perdão é uma armadilha. Não há nada a ser perdoado em quem é capaz de usar sua capacidade para o amor. Por isso, a culpa só pode ser curada quando se é capaz de despertar em si mesmo um pouco de autoestima, assim como você já fez.

Concordei gentilmente ao ouvir as palavras de meu amigo. Me sentia triste e ao mesmo tempo tinha a sensação de haver me livrado de um grande peso.

– Muito obrigado, Daniel. – De repente, senti uma profunda sensação de gratidão por aquele ser extraordinário que cruzou minha vida. – Juro que nunca me esquecerei do que está fazendo por mim.

Meu companheiro sorriu satisfeito.

– A gratidão é sinal de um coração tomado de amor, meu querido doutor.

CAPÍTULO 11

VALORES

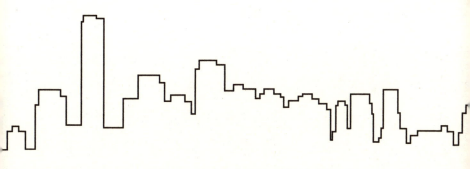

Cedo ou tarde, todos sentimos um impulso irresistível de dar sentido à nossa vida e descobrir o motivo pelo qual estamos dispostos a enfrentar qualquer coisa.

O avião mergulhava no imenso mar de luzes que era nosso próximo destino. Estávamos quase chegando.

– Ter consciência disso é fundamental para atingirmos nossa riqueza interior – completou Daniel enquanto apertava o cinto de segurança. – Nos dá novas asas para voarmos mais alto, ver tudo por uma outra perspectiva e servir aos outros.

"Mas antes de descobrir nosso caminho devemos nos dar conta de que navegamos à deriva. É quando surge a sensação crescente de que falta algo fundamental em nossa vida cotidiana.

"Alguns vão embora, mudam de parceiro ou de país, sobem montanhas, arriscam a vida... buscam o que lhes falta, sem nem saber o que é. Mas fazem tudo isso nos lugares errados. Só existe um lugar onde podemos encontrar nossa motivação vital, Nicolas" e apontou para seu próprio peito. "Aqui dentro."

Olhei surpreso para meu companheiro. Deduzi que aquele arroubo filosófico tinha algo a ver com o lugar onde estávamos prestes a aterrissar. Olhei novamente, ainda mais curioso, para o mar de luz que se aproximava.

– Bem-vindo a Tóquio – revelou Daniel. – Aqui aprendi questões fundamentais que me ajudaram a conhecer o **propósito da minha vida** e espero poder ajudá-lo a conseguir o mesmo.

– Achei que a ideia era não saber o destino...

– Você logo descobriria – disse, sorrindo. – Além do mais, você está cada vez melhor em "se deixar levar".

A verdade é que eu começava a gostar de tudo aquilo. Havia entendido que o segredo estava em deixar de relutar e abandonar a necessidade de controle.

Depois de superar isso, era quase inevitável viver de forma mais intensa o que acontecia a cada instante.

...

Tomamos um táxi até um luxuoso hotel no bairro de Ginza, no centro da cidade. Deixamos nossa bagagem nos quartos e Daniel me pediu que o acompanhasse.

Na rua, depois de caminhar alguns minutos, entramos em um lugar minúsculo.

Um balcão de madeira ocupava quase todo o espaço da pequena sala, com dez banquetas enfileiradas e vazias à sua frente. Um senhor idoso nos recebeu e, depois de várias reverências, dirigiu-se a Daniel em japonês. Meu companheiro respondeu com as mesmas mesuras e, para minha surpresa, respondeu na mesma língua, aparentando ser fluente.

Nosso anfitrião me olhou rapidamente enquanto ajeitava seus grandes óculos dourados. Assentiu como se compreendesse, dirigiu-me sua enésima reverência e desapareceu por uma porta discreta atrás do balcão.

— Não me diga que viemos tomar saquê — disse, entre engraçado e sério. — Você sabe que não bebo mais.

— Não estamos em um bar, mas em um restaurante muito especial. Conheço Jiro há muitos anos, e ele fez a gentileza de nos reservar um espaço em sua concorrida agenda.

– Então viemos aqui para... jantar? – perguntei um tanto confuso.

– Isso mesmo. Aproveite o jantar, mas não deixe de observar o chef com atenção – respondeu sem mais detalhes.

Enquanto nos sentávamos, observei detidamente o pequeno local. A ordem e a limpeza eram impressionantes, mas nada além disso me chamou a atenção.

O senhor voltou e se pôs a preparar sushis diante de nós, apertando o arroz com suas próprias mãos. Ele os servia um a um em uma pequena bandeja preta, completamente sério e compenetrado na elaboração de cada peça. Sua habilidade era impressionante. Tive a sensação de que se movia seguindo um ritual, uma espécie de dança afinada com cada um de seus movimentos.

Foi quando provei o primeiro sushi.

Não era parecido com nada que eu conhecia. Nunca havia saboreado algo tão requintado em minha vida. O jantar consistia exclusivamente de diferentes peças de sushi. Cada um superava o anterior em uma sequência que formava uma melodia de sabores absolutamente perfeita.

Tudo demorou menos de vinte minutos. Daniel trocou algumas palavras com o idoso cozinheiro, que sorriu com uma expressão satisfeita.

– O que achou?

– Bem, o que posso dizer? Não foi um jantar, foi uma obra de arte!

– Fico feliz que tenha gostado. Saiba que estamos em um lugar muito especial, pois se trata do melhor restaurante de sushi do mundo. O dono dedicou toda sua vida para aprimorar os pratos que acabamos de comer. Qual ingrediente você acha que fez com que ele fosse considerado o melhor?

– Acho que ter um grande amor pelo que faz – respondi. – Está clara a sua concentração completa enquanto trabalha. Não acho que seja possível alguém alcançar um nível tão apurado de perfeição sem amar o que faz.

– Certo! Concordo plenamente, Nicolas. Mas minha pergunta vai além disso. Tenho certeza de que no Japão existem outros chefs apaixonados por suas profissões. Porém, não há dúvida de que Jiro é o melhor. O que faz dele tão especial?

Pensei durante um bom tempo, mas não encontrei nenhuma resposta.

– A diferença fundamental – Daniel finalmente respondeu – é que meu amigo conhece e respeita com devoção sagrada seus valores pessoais. É este o ensinamento que quero passar para você hoje, e será a primeira tarefa da sua nova fase de treinamento.

Olhei confuso para Daniel.

– Os valores são nossas certezas mais profundas e poderosas – explicou. – São as coisas realmente importantes da vida. São nossos princípios fundamentais, a causa de todos os nossos verdadeiros desejos e motivações e, por isso, de tudo o que conquistaremos em nossa vida. Identificar e respeitar seus valores é essencial para quem busca alcançar sua própria riqueza.

– Certo. Mas não entendo muito bem por que isso é essencial para se ter sucesso.

– Como acha que ele se tornou dono de um dos melhores restaurantes do mundo? – perguntou Daniel abrindo os braços para o ambiente onde estávamos. – Entre os valores pessoais de Jiro estão a honra, o amor pela profissão, a disciplina e seu perfeccionismo incansável.

"O que o difere da maioria é que ele tem plena consciência de seus valores, o que permite que **seja coerente** com eles diariamente. Não existem contradições que desperdicem sua energia em seu modo de agir, somente a vontade de realizar o que realmente deseja. É esse o verdadeiro segredo do sucesso.

"Mas o mais importante é que a receita se aplica a todos nós. Uma parte essencial da riqueza interior se baseia em descobrir qual é nossa verdadeira vocação. Mas isso só consegue quem conhece seus valores fundamentais e permite que eles o conduzam pelas decisões a serem tomadas. Na verdade, se trata de algo repleto de senso comum: é preciso entender o que é mais importante para poder tomar decisões mais corretas que o conduzirão até lá."

– Certo. Estou convencido. Nos conhecer e respeitar é muito importante. Mas como se faz isso?

– Lembra-se do "mapa" de sua riqueza interior? Aqueles setores que determinavam diferentes áreas da sua vida?

Franzi a testa e assenti. Eu não tinha gostado nem um pouco da comprovação de que a maioria dessas minhas áreas era um desastre.

– Bem. Pergunte-se: que tipo de sentimento você teria se seu mapa fosse perfeito?

– Perfeito? Como se eu tivesse um dez em todas as áreas?

Não foi fácil imaginar uma vida com amizades, profissão, saúde, casamento e situação econômica perfeitos. Mas tentei imaginar como me sentiria.

— Bem, com uma vida perfeita, acho que teria recuperado minha esposa e as coisas teriam se ajeitado entre nós.

— E o que isso traria de bom?

— Acho que certa estabilidade emocional — titubeei.

— E tendo estabilidade emocional, o que isso traria de bom para sua vida?

— Segurança — respondi imediatamente.

— Este sim é um valor a ser buscado! — exclamou para depois dar um gole de seu chá.

— Ora, como pode saber dessas coisas?

— O processo de identificar valores pessoais consiste em ir fundo em algo que considere importante ou valioso em sua vida. A maioria das pessoas não quer de verdade muitas das coisas que desejam. Ao contrário, subconscientemente querem os valores que ocultam essas coisas.

— Acho que me perdi...

— O que a maioria acredita querer não é o que realmente quer... e muito menos o que necessita. Trata-se de um problema que afasta muitas pessoas da verdadeira riqueza.

— Mas então isso significa que o verdadeiro motivo por que quero consertar as coisas com a minha esposa é para me sentir... seguro?

— Bem, isso quem está dizendo é você — observou Daniel com um brilho nos olhos. — Esse tipo de reflexão sincera sobre seus próprios valores pessoais permitirá que você descubra que algumas coisas a que dava tanta importância não passam de meios para alcançar algo muito mais importante e profundo. Nem sempre é fácil assumir, mas garanto que sempre valerá a pena.

Ao dizer isso, disse algo em japonês e logo o idoso chef apareceu novamente. Depois de uma troca rápida de palavras entre eles, saímos daquele pequeno restaurante e voltamos a pé até o hotel.

— O que mais essa sua versão ideal de si mesmo com uma vida perfeita faria você sentir?

Respirei o ar da noite, um pouco nervoso. Não era um exercício muito fácil, mas tentei me concentrar e responder.

— Acho que também me sentiria... milionário. A única maneira que me ocorre para ter um dez na área econômica é ser rico.

— E o que o fato de ser milionário traria para a sua vida?

– Poderia comprar qualquer coisa e estaria com a alta sociedade.

– E o que isso...

– Sim, sim. "E o que isso traria de bom?", já sei! – interrompi, tentando buscar uma resposta. – Claro que eu nunca me perguntei sobre isso. Sempre pensamos que pertencer à classe mais abastada é algo que todos desejam – completei, pensando em voz alta.

– Talvez sim, mas tente se esforçar para descobrir o que você quer e não o que a maioria deseja.

Essa frase me desconcertou e, ao mesmo tempo, fez brotar uma resposta em minha cabeça.

– Reconhecimento – respondi com certo cuidado. – Acho que o motivo mais poderoso debaixo do desejo de ser milionário tem a ver com... o reconhecimento de quem está em volta.

– Muito bem! Vá um pouco mais fundo. O que acha que todo esse reconhecimento lhe traria?

– Autoestima – respondi, agora com muito mais certeza.

– Perfeito, Nicolas. Esse é outro ponto muito importante para você, a autoestima. Ou seja, o sentimento de que é alguém de valor. Essa é a verdadeira razão, ou pelo menos uma das mais importantes, para desejar abundância econômica.

Caminhamos em silêncio até o hotel. Entendi que Daniel queria me dar tempo para assimilar minhas próprias conclusões.

— O exercício que vou propor — disse enquanto o elevador não chegava — é que formule as perguntas necessárias para descobrir os valores que se escondem por trás dos setores do mapa da vida perfeita. Pergunte-se repetidamente o que lhe trariam as coisas que deseja até que as respostas se acabem ou pareçam intensas e poderosas.

"Considere como um jogo e não coloque muita carga emocional no assunto", advertiu. "Pense que nossos valores podem mudar ao longo da vida e que o importante é conhecê-los para sermos coerentes com eles."

...

— Bom dia, Nicolas.

— Bom dia — respondi ao notar que éramos os únicos na academia do hotel naquela hora da manhã.

— Como foi? Fez a lista?

— Fiz, mas foi bem difícil — admiti. Era um eufemismo, pois havia passado boa parte da noite trabalhando nela até estar bastante seguro. — Meus valores pessoais são: segurança, autoestima, trabalho, poder, amor, diversão, saúde e honestidade.

— Muito bem! — aprovou satisfeito o grandalhão enquanto corria na esteira. — Agora só precisa colocá-los em ordem de importância.

— Não sei se consigo fazer isso, Daniel — respondi depois de pensar um pouco. — Descobrir meus valores não foi nada fácil, mas ordená-los talvez seja um exercício abstrato demais para mim.

— Não se preocupe. Vou mostrar como se faz. Em primeiro lugar, ordene-os por aproximação, sem a necessidade de uma definição exata. Depois, compare os valores. Ou seja, suponha que não sabe se o amor é mais importante do que a diversão. Nesse caso, imagine duas situações bem distintas. Na primeira, uma vida repleta de amor, mas com pouca diversão; na segunda, uma vida repleta de diversão, mas sem amor. No final, tente sentir que tipo de situação parece menos pior.

Imediatamente entendi que o amor era mais importante que a diversão. Colocado dessa maneira, o exercício não parecia tão difícil...

— Leve o tempo que for necessário para fazer todas as comparações até chegar a uma hierarquia de valores pessoais — sugeriu Daniel ao observar com ar crítico alguns halteres.

Logo me propôs que nos encontrássemos no hall do hotel depois de algumas horas. Decidi tomar meu café no quarto para poder me concentrar na tarefa.

Não foi fácil. Por volta do meio-dia minha lista estava pronta e até me surpreendi com o resultado.

•••

— Amor, trabalho, autoestima, honestidade, segurança, saúde, diversão e poder — Daniel leu minha lista em voz alta ao sairmos do hotel. — O que achou do resultado?

— Surpreendente! Eu não fazia ideia de como o amor era importante para mim, nem a sensação de fazer algo útil para os outros.

— Percebeu que já não é mais o mesmo Nicolas de algumas semanas antes? — observou. — Nossos valores mudam quando mudamos. Por isso às vezes devemos olhar para dentro de nós mesmos e verificar se não é preciso alterar a ordem da lista ou adicionar algum novo valor.

Caminhamos em silêncio pelas belas ruas de Ginza enquanto eu pensava naquilo.

– Um exercício muito interessante – eu disse, finalmente. – Mas não vejo seu aspecto prático. Agora que conheço meus valores pessoais, estou ciente de que só a verdade importa, mas continuo sem saber o que fazer para ter uma vida melhor.

– Quer saber como materializar sua riqueza exterior... mas lembre-se de que ainda estamos trabalhando seu interior. Cuidamos da sua energia física, das emoções e, agora, com o reconhecimento dos seus valores, começamos a trabalhar seu aspecto mental. Confie em mim – disse meu instrutor com uma piscadela. – Quando terminar esta preparação, saberá exatamente quais passos dar para materializar a vida de seus sonhos.

...

Daniel chamou um táxi e em instantes mergulhamos no trânsito de Tóquio. Depois de cruzar a cidade, entramos em um lugar de espaços amplos, grandes edifícios e vastas extensões de campos. Parecia muito com uma zona universitária.

– Nem vou perguntar o que vamos fazer aqui – comentei entre bem-humorado e curioso.

– Estamos no Instituto Reiken e vamos conhecer o último grande avanço mundial da tecnologia laser.

– Tecnologia laser? – repeti, perplexo. Ele não parava de me surpreender.

– Isso. Meu grupo de investidores tem participações em uma das empresas envolvidas na construção do laser mais potente do mundo, embora seja um projeto que ainda levará algum tempo para ser concluído. Uma equipe japonesa conseguiu uma série de avanços significativos nesse campo e fizeram a gentileza de nos convidar para uma pequena demonstração.

– Que fascinante, Daniel. Mas qual o seu interesse em tecnologia?

– É simples. Direcionar enormes quantidades de energia concentrada pode significar o fim de grandes problemas da civilização. Estou me referindo a recursos energéticos limpos e ilimitados graças à fusão nuclear ou à cura do câncer, entre outras possibilidades.

– Eu sequer desconfiava – admiti, surpreso. – Nunca me ocorreu que você estava próximo a questões tão importantes.

Enquanto Daniel me dava mais detalhes sobre algumas das aplicações, entregamos nosso passaporte à segurança e logo veio nos receber um grupo de cientistas transbordando cordialidade japonesa.

Nos levaram até um grande laboratório repleto de computadores. Olhei em volta, curioso, buscando algo que tivesse o aspecto de um lança-raios capaz de pulverizar qualquer coisa, mas de repente as luzes se apagaram e os cientistas pararam de falar.

Com os olhos arregalados prendi a respiração e me preparei para o espetáculo.

CAPÍTULO 12

CONCENTRAÇÃO

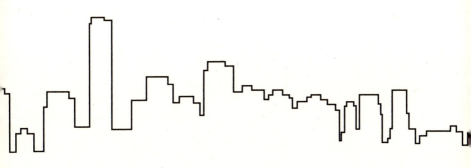

Nos dirigíamos para a estação a fim de tomar o trem-bala. Como de costume, meu companheiro de viagem não mencionou nada além de que viajaríamos ao sul do país e me deu também uma mochila com roupas para fazer trilhas.

Segurei meu impulso de pedir mais detalhes e me dediquei a relembrar a recente experiência na universidade japonesa no dia anterior.

Depois que as luzes do laboratório se apagaram, nossos anfitriões projetaram em uma grande tela imagens ao vivo de uma pequena sala esférica, iluminada por uma estranha luz esverdeada e cheia de sensores e aparatos de cima a baixo. Era ali onde tudo iria acontecer.

O experimento não durou mais do que um segundo.

Na verdade, o processo foi tão rápido que tivemos que assistir à gravação em câmera lenta para poder enxergar o que havia acontecido. Tratava-se de um feixe de luz intenso, mas breve, azulado e com um forte som de disparo, parecido com uma arma de fogo.

Daniel pareceu bastante emocionado com aquilo. Me explicou que o objetivo era concentrar uma enorme quantidade de energia em forma de raios X em um ponto minúsculo durante um espaço de tempo incrivelmente pequeno. Não era algo inédito, mas confirmava que os cientistas japoneses haviam conseguido usar raios de frequências diferentes ao mesmo tempo, o que abria novas possibilidades no campo de estudos da matéria e da energia.

— Nós, humanos, somos crianças em relação ao uso inteligente dos recursos energéticos que temos – observou. – Ainda somos egoístas e descuidados com os recursos disponíveis, mas um dia estaremos prontos para dar um grande salto evolutivo nessa área. Na verdade, estou convencido de que existe uma relação direta entre o conhecimento de nosso mundo interior e a ciência que estuda novas formas de energia. Acho que esses dois campos de conhecimento são muito próximos e, quanto mais soubermos de um, mais conheceremos o outro.

"Se pensarmos que os seres humanos não param de evoluir e que cada vez existem mais pessoas que sabem gerir melhor seus próprios recursos pessoais, logo chegará o dia em que seremos merecedores de novas fontes de energia física muito mais poderosas, abundantes e sustentáveis que as atuais."

• • •

O nariz aerodinâmico do trem-bala adentrou a estação pontualmente.

— Então faremos uma excursão? — finalmente perguntei, tentando simular um tom casual.

— Está mais para uma peregrinação — respondeu meu companheiro com ar enigmático enquanto colocava as mochilas no compartimento acima dos assentos. — Uma peregrinação muito especial, pois dedicaremos esta parte de seu treinamento à arte de prestar atenção.

— Não sabia que isso era uma arte...

O grandalhão sentou-se à minha frente e fez uma longa pausa antes de responder.

— Poderíamos dizer que até agora você vem aumentando e depurando sua energia interior. Mas toda essa energia será improdutiva ou até nociva se não aprender a canalizá-la adequadamente através de uma mente disciplinada.

— Entendo. Suponho que esteja falando de concentração — disse, tentando elucidar a ligação entre aquilo e nossa visita ao Instituto Reiken.

— Isso — confirmou. — Trata-se da capacidade mental de passar de uma nuvem dispersa de estímulos intermitentes e caóticos para um poderoso raio comandado por nossa vontade. Aprender a dominar esse raio é o último obstáculo que nos separa de nossa riqueza interior. Tenha em mente que, exceto por alguns casos extraordinários, todo ser humano vive hipnotizado pelo mais hábil dos manipuladores.

— E quem é ele?

— Nossa própria mente, é claro. Já expliquei que o que chamamos de mente nada mais é do que um dos aspectos de nossa energia interior. Porém, trata-se de nossa ferramenta mais útil, pois com ela é possível dominar os outros. Ela é tão poderosa que vivemos sob seu controle sem nem percebermos. Consegue compreender o que estou dizendo, Nicolas? — insistiu meu amigo com veemência. – Uma parte de nós é poderosa a ponto de dominar os outros, como se fôssemos seus donos. Quem for capaz de governar sua própria mente terá domínio completo sobre si mesmo e, portanto, de sua própria vida.

"O desenvolvimento da concentração é o caminho para a conquista. Absolutamente tudo o que precisamos como indivíduos e como espécie converge para o aperfeiçoamento dessa qualidade única."

– Mas se é tão importante, por que não começar a partir dela? Quero dizer... por que investir tempo e esforço em outros de nossos aspectos se, controlando a mente, é possível conseguir todo o resto?

Daniel sorriu, feliz por eu ter feito a pergunta.

– Muitos pensam como você e, por isso mesmo, concentram o trabalho interior exclusivamente no plano mental. Na verdade, minha experiência me ensinou que essa forma de trabalhar só é útil para poucos, pouquíssimos, que dispõem de uma capacidade natural para o domínio da própria mente.

"Para a grande maioria, a influência das emoções e do estado físico é grande demais para ser desconsiderada. Se olhar para a sua própria experiência, entenderá."

Relembrei meus níveis de energia física e meu estado de ânimo de meses antes. Naquela época era muito difícil concentrar-me em qualquer outra coisa além de minha própria negatividade.

– Na verdade – continuou Daniel –, não é preciso passar por crises profundas para que nossa mente seja afogada por nossas emoções mais limitadoras. Muita gente vive dominada pelos efeitos das feridas do passado e sequer percebem, pois esses conflitos agem em nosso subconsciente.

"É praticamente inútil dizer 'Não se preocupe! Concentre-se no presente! Melhore seu humor!' para essas pessoas. Talvez até consigam por alguns instantes, mas nunca com uma eficácia real."

Olhei pensativo pela janela do trem. A linda paisagem passava por mim a mais de trezentos quilômetros por hora. O que Daniel falava era muito sensato. Me lembrei de nosso primeiro encontro, quando me avisou que eu estava cego pelas minhas próprias emoções.

Só agora eu o compreendia.

•••

Chegamos à cidade de Shingu, onde desembarcamos do trem e começamos a caminhada. Depois de cruzar uma bucólica ponte de madeira, seguimos por uma trilha que adentrava um bosque fechado. A mata do lugar era variada e parecia antiga, como se fosse de outras eras.

— Bem-vindo a Kumano Kodo — disse meu amigo enquanto caminhava feliz. — Este caminho e o de Santiago, na Espanha, são as únicas rotas de peregrinação reconhecidas pela Unesco. Há mais de mil anos as pessoas, de imperadores a camponeses, percorrem estes bosques para rezar aos seus deuses. Algum tempo atrás, depois da morte de minha esposa e do meu filho, também recorri a este lugar em busca de respostas. Eu não teria lugar melhor para continuar seu treinamento mental. Se estiver pronto, podemos começar. Tire suas botas, por favor.

Eu o olhei enquanto me esforçava para não pedir que repetisse o que eu tinha ouvido muito claramente.

— Vamos tirar as botas... — suspirei enquanto desatava os cadarços. — Pelo menos me explique como será o exercício.

— Claro. Sempre explico, não? — ele disse. — É bem simples. A única coisa que você tem a fazer é seguir adiante... descalço.

E assim comecei a caminhar. Sentia o barro frio e úmido na sola dos pés. Me surpreendi com o toque suave e agradável, mas mesmo assim meus passos eram curtos e cautelosos. Em poucos minutos, minhas passadas ganharam mais segurança e aumentei o ritmo da marcha.

Foi quando pisei em uma pedra e uma pontada de dor me fez parar por alguns segundos enquanto massageava meu pé dolorido. Ao ver que Daniel nada fazia, continuei a caminhada, novamente com cuidado.

Depois de um bom tempo caminhando, a trilha se alargou e pedras pontudas cobriam o solo, fazendo de cada passo uma pequena tortura.

– Muito bem, Nicolas. Pode colocar os sapatos novamente – ele finalmente disse. – Me conte no que prestava atenção enquanto caminhava.

– Nas pedras... e nos pés. Tentava caminhar evitando a dor ao máximo.

Daniel concordou com a cabeça.

– A ameaça da dor obriga nossa mente a deixar de divagar e a se concentrar no que estamos fazendo. O estado de alerta faz com que nos concentremos em algo simples, como o ato de andar, em vez de nos deixarmos levar pela torrente costumeira do fluxo de pensamentos. É um pequeno truque, mas existem muitos outros.

A seguir me ofereceu um lenço preto que peguei sem saber bem o que fazer com ele.

– É para que você não enxergue – observou. Me ajudou a vendar os olhos e o mundo se escureceu completamente para mim.

– Certo. Vamos continuar a caminhada, amigo peregrino – disse a certa distância.

Estiquei os braços para frente instintivamente. Em menos de um minuto já havia perdido totalmente a direção e tentava seguir no caminho conforme o som dos passos de Daniel, que se afastavam.

Logo esse som também se perdeu e passei a tentar me aproximar com cuidado da beira da trilha. Minhas mãos encontraram o tronco de uma árvore e, assim, deduzi que era o perímetro.

– Bem, agora basta não passar deste limite – murmurei sozinho.

Mas depois de mais alguns passos, outro tronco grosso interrompeu novamente meu trajeto. Tateei ao redor em busca do caminho, mas só encontrei arbustos e mato. Meus pés abandonaram a terra e passaram a pisar sobre pedras e folhas secas.

Parei e agucei os ouvidos quanto pude. Silêncio. Havia somente o canto dos pássaros e o som do vento entre as árvores.

Estava perdido. Precisava voltar à trilha. Caminhei lentamente, atento aos toques. O som do bosque chegava até mim repleto de camadas, mais claro do que nunca. Eu ofegava também... mas havia algo mais...

Parecia uma presença.

– Já pode tirar a venda, amigo – a voz de Daniel ressoou tão perto que saltei para trás, assustado.

– Como conseguiu chegar tão perto? – perguntei com o coração disparado ao retirar o lenço.

– Fiquei assim o tempo todo. Sou bastante silencioso quando preciso. Mas você teria percebido se prestasse mais atenção aos sons.

– Bem, estava começando a fazer isso agora! Existe uma quantidade surpreendente de sons neste bosque!

– Em todos os bosques. Você só aguçou seus sentidos para compensar a falta de um deles. Conseguiu isso porque se concentrou.

Comecei a entender o motivo de tudo aquilo.

– Sabia que muita gente acredita que meditar é "esvaziar a mente"? – continuou Daniel ao voltarmos a caminhar. – Mas não é assim. A mente não para. O que podemos fazer é nos prendermos a algo e não largar. Chamamos a isso de "atenção plena" ou "concentração constante", o que demanda silêncio e paz interior. É difícil descrever.

– O que você quer dizer quando fala em nos prendermos a algo?

– Pode ser algo externo a nós, como os sons deste bosque ou a sensação das plantas aos seus pés. Mas pode ser algo interno, como uma figura criada pela imaginação, uma memória ou som de palavras pensadas de maneira persistente. Seja como for, para atingir a concentração só se deve pensar em uma coisa.

"Uma das maneiras mais simples de chegar a isso é deleitar-se com a atividade que está executando. A alegria em fazer nos leva à concentração, mas a concentração também culmina na alegria, não importa o que fizermos."

• • •

Chegamos a um pequeno templo de madeira cuja entrada era ladeada por dois Budas de pedra. Uma voz gutural vinha do interior e entoava uma oração incompreensível, mas de algum modo carregada de um poder hipnótico e relaxante.

Tiramos os calçados na porta e entramos.

Um homem e uma mulher estavam ajoelhados diante de um monge vestido com uma túnica cor de açafrão. Ele entoava o mantra com os olhos fechados e alheio a tudo.

– Trata-se simplesmente de escutar com toda a atenção – murmurou Daniel.

E foi o que fiz... ao menos por alguns segundos. Em seguida percebi que me lembrava de uma ocasião em que vi uma mulher participar de uma corrida descalça. Não sabia como havia chegado a esse pensamento. Estava recordando minha experiência de andar descalço no bosque e então...

Foi quando compreendi que não estava prestando atenção.

Me obriguei a retomar a concentração na ladainha incompreensível do monge japonês. Mas minha mente respondeu novamente com memórias e fantasias de todo o tipo.

De repente, o monge golpeou um grande tambor várias vezes. O som retumbante estremeceu meu corpo todo e me tirou do estado de torpor que me dominava.

– Como foi? – perguntou Daniel na saída do templo.

– Não muito bem – reconheci um tanto desanimado. – Minha cabeça é um caos! Parece impossível prestar atenção em uma só coisa por mais de cinco segundos.

Para minha surpresa, Daniel soltou uma de suas estrondosas gargalhadas.

– Meu amigo, o que temos a fazer é algo muito importante. Trata-se de desenvolver uma capacidade que mudará a sua vida de um jeito que você sequer imagina. Na verdade, o desenvolvimento da concentração demanda muito tempo, persistência e **paciência compassiva** com você mesmo.

– Paciência compassiva?

– Sim. Imagine sua mente como um filho que esteja aprendendo a andar. Ele sai do caminho toda hora, como aconteceu com você de olhos vendados. Só o que precisa fazer é trazê-lo de volta com carinho ao caminho certo, ou seja, ao assunto ao qual decidiu prestar atenção. Faça isso quantas vezes forem necessárias...

"Quanto mais amor entregar à sua mente, menos terá de corrigi-la. Chegará uma hora em que ela se manterá cada vez mais na trilha, e então ela será forte como aço."

– E o que acontece depois?

— Começará a ter consciência do quarto nível que forma seu mundo interior, aquele que se encontra além da sua mente lógica: o nível transpessoal. Ele começa tímido, como brilhos fugazes... mas cedo ou tarde essa parte do seu ser se apresentará diante de você reluzente.

— Muito interessante!

— Já começou. Trata-se da verdadeira fonte de nossa riqueza interior, pois nela estão nossas melhores qualidades e emoções. Todos têm um "eu" transpessoal, mas é preciso adestrar a mente para podermos alcançá-lo.

— Pois já cuidamos de nossos aspectos físico e emocional — observei pensativo. Eu via cada vez mais coerência no trabalho que estava fazendo nos últimos meses.

Daniel me deu alguns tapas nas costas.

— Ande. Ainda falta uma parte da caminhada até nosso destino. Agora, tente focar sua atenção em cada movimento que fizer. Observe como caminha e o que sente em seu corpo ao fazer isso. Quando perceber que está pensando em outra coisa, simplesmente volte a se concentrar.

Levamos algumas horas para chegar a outro grande templo budista. Pelo caminho, me movia com cada vez mais dificuldade. Quanto mais observava o movimento de meu corpo, mais difícil me parecia o ato de colocar um passo após o outro. Chegou um momento em que comecei a ter sérios problemas para manter o equilíbrio sobre meus pés e achei que nunca mais caminharia como uma pessoa normal.

– Daniel!

Dois monges saíram para nos receber. Meu grande amigo conversou com eles entre sorrisos e demonstrações de afeto. Era evidente que havia uma grande intimidade entre eles.

– Morei por um bom tempo neste templo zen – explicou meu companheiro enquanto tirávamos os sapatos para entrar. – Conheço os monges que cuidam deste lugar e que nos acompanharão durante as semanas que vamos passar por aqui.

– Você disse... semanas?

...

Contemplava com atenção máxima o movimento dos galhos de uma árvore e dizia "pensamento!" a cada vez que detectava algum cruzando minha mente.

Observava uma simples mesa de madeira durante horas, atento a cada novo detalhe.

Varria o chão com movimentos tão lentos que eu parecia uma estátua.

Os dias que passei naquele templo budista no Japão foram os mais difíceis da minha vida. Daniel constantemente me desafiava com todo tipo de exercícios estranhos que colocavam minha concentração à prova até o esgotamento. Era curioso, pois os mais absurdos e simples acabavam sendo os mais duros. Porém, todos tinham um propósito em comum: aprender a dominar minha caótica atividade mental.

Daniel me explicou que no Ocidente associamos a meditação com místicos seminus de pernas cruzadas e olhos fechados por horas a fio. No entanto, meditar é muito mais uma atitude baseada na atenção plena ao instante presente.

– Na verdade – observou meu amigo –, muitos dos que meditam nada têm de místicos. São detetives, artistas, escritores, empresários... Aprenderam a imergir completamente na ação a ponto de deixar de usar a mente para acessar seu eu transpessoal. São pessoas de todos os tipos. Muitos deles atingiram alto grau de riqueza interior na vida, mas todos, sem exceção, têm algo em comum.

– O quê?
– São brilhantes naquilo que fazem.

∙ ∙ ∙

Certa manhã, concentrado no evasivo silêncio de meus pensamentos, surgiu a lembrança da morte de meu pai. Subitamente voltei a sentir toda a raiva e tristeza que havia reprimido no passado. Era como uma fonte que brotava em meu estômago e tentava chegar à minha garganta.

Me dei conta de que fazia um grande esforço para fazer tudo aquilo voltar para dentro de mim, mas decidi libertá-lo na forma de gritos e soluços, assim como fizera ao golpear a almofada.

A intensidade emocional da experiência me deixou exausto, leve... e também um pouco assustado.

– O processo de dominar a mente implica acessar esse lugar onde ainda vivem antigos conflitos emocionais – explicou Daniel quando perguntei a ele. – Basta observar como a dor surge dentro de você e ela desaparecerá. Por isso, continue atento ao que ocorre em seu interior, como se fosse um observador interessado no movimento de seus pensamentos.

Nos dias seguintes me aprofundei ainda mais nesse exercício, e, pouco a pouco, o silêncio entre um pensamento e outro foi se ampliando. **Descobri uma paz indescritível naquele vazio.**

Foi quando percebi que talvez eu nunca tenha tido consciência do meu verdadeiro potencial. Não sabia de onde surgia aquela estranha constatação, mas vinha acompanhada de uma sensação maravilhosa.

Senti que não havia limites para o que eu poderia alcançar. Bastava continuar me aprofundando em meu interior. Aquele lugar onde tudo era silêncio parecia ser o lar do meu poder mais autêntico. Ali, tudo era completamente possível.

CAPÍTULO 13

OBJETIVOS

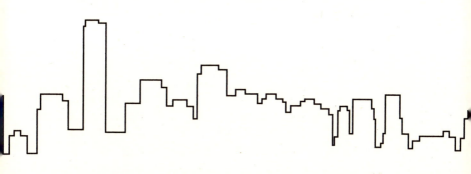

A comissária de bordo serviu meu chá praticamente com a mesma delicadeza com que os monges nas últimas semanas.

Saboreei lentamente aquela infusão fumegante enquanto tentava focar toda minha atenção no que estava fazendo. O toque da porcelana, o peso da xícara, o aroma do chá, o sabor e a calidez...

Por alguns segundos consegui me manter completamente concentrado nas sensações que acompanhavam o simples ato de beber chá.

A cascata de pensamentos não demorou a voltar.

Depois de semanas de treinamento no templo, aprendi que podia seguir fortalecendo diariamente minha concentração ao praticar exercícios básicos.

O primeiro deles podia ser praticado a qualquer momento, pois consistia em focar toda a minha atenção em qualquer coisa que estivesse executando, por mais simples que fosse. Quando conseguia, a algazarra em minha mente desaparecia por completo e minha habilidade na ação aumentava consideravelmente. O desafio era me manter nesse estado de concentração dinâmica pelo maior tempo possível, até minha mente voltar a se perder em pensamentos.

O segundo exercício requeria sentar-me em algum lugar livre de distrações. Nesse caso, a atenção mental devia se dirigir para dentro e não para fora, para que **eu me convertesse em um observador de meus próprios pensamentos**. Daniel chamava esse exercício de "meditação da testemunha".

Nenhum dos exercícios era fácil. Nem um pouco! Mas os monges do templo garantiam que bastavam alguns minutos de prática diária para lentamente conseguir mudar o hábito da divagação mental e chegar a nossas capacidades mais poderosas.

Estavam mesmo produzindo mudanças em meu interior. Alcançava níveis cada vez mais altos de concentração em tudo o que fazia, e aquela serenidade que eu percebia entre pensamentos parecia se espalhar em minha consciência com cada vez mais facilidade.

"Comece a se acomodar no momento presente", Daniel me explicou. "Apenas continue praticando. Já sabe que nada é capaz de enganar você tão bem quanto sua própria mente. A concentração a domina e a submete à sua vontade. Mas ela tentará impedir isso a todo custo. Ela conhece você melhor do que ninguém e fará de tudo para escapar do seu controle. Até mesmo criará sensações comoventes ou ideias tentadoras para atrapalhar sua concentração. Mas não permita que ela o desvie do seu objetivo. Simplesmente continue, praticando alguns minutos todos os dias."

•••

Suspirei e olhei para o meu amigo. Estava lendo algo em seu pequeno computador, sentado à mesa do luxuoso avião em que viajávamos.

O grandalhão se afastou de seu aparelho e sentou-se na poltrona à minha frente.

— Bem, meu caro, creio que podemos dar por finalizada a primeira parte de sua preparação pessoal — disse com um tom de aprovação. — Agora você possui todos os recursos necessários para manter seu mundo interior no estado mais energizado possível. Se seguir as diretrizes que aprendeu, essa energia não apenas o alimentará, mas seguirá aumentando.

— Mas também é possível que eu adoeça... ou passe por experiências que coloquem em dúvida meu estado emocional e mental — comentei pensando em voz alta.

— Isso mesmo! Não é uma boa ideia se digladiar com as dificuldades que se colocam em nosso caminho. Mesmo sendo difícil admitir, os problemas são o estímulo necessário para o nosso crescimento. Diante de alguma dificuldade é provável que nossa energia interior diminua, seja física, mental ou emocional. Mas, se continuar praticando o que o regenera, atravessará essa fase de forma menos dolorosa e sairá com novas reservas de energia interior. É assim que crescemos, Nicolas.

Concordei, empolgado com a explicação. Depois de todo aquele tempo viajando juntos, já deveria ter me acostumado, mas a verdade é que não deixava de me surpreender com sua maneira peculiar de entender as coisas.

Para ele, a vida era uma espécie de grande escola onde todos aprendem entre si e os problemas não são motivo de lamento, mas lições valiosas que devem ser aproveitadas.

— Uma vez que saiba os meios necessários para expandir sua riqueza interior — continuou Daniel —, deve aprender a materializar essa energia em sua forma mais simples.

— Você se refere à riqueza exterior, certo?

— Isso mesmo. Mas lembre-se de que a abundância econômica não é tudo — advertiu com o indicador em riste.

— Eu sei, eu sei. Me lembro do mapa dos setores vitais! Dinheiro, casamento, amizade, saúde, lazer, família, desenvolvimento e profissão.

— Exato! — exclamou Daniel. — Neste ponto é importante compreender que não se trata de ter muito em cada região, mas o suficiente para considerá-lo perfeito. Por exemplo, alguns podem achar que sua vida social está completa com apenas dois ou três bons amigos. Mas outros podem precisar de uma vida social muito mais diversa.

— Entendo o que quer dizer. Talvez seja por isso que insiste tanto para que eu reflita sobre meus valores pessoais. Me ensinam as coisas que para mim são realmente importantes.

– Isso mesmo. Garanto que, se seguir com persistência o meu método, se transformará no homem mais rico do mundo. Mas isso não significa que não existam outros que tenham mais que você em algumas regiões. Significa que ninguém mais terá o tipo de riqueza perfeita que você precisa para ter a plenitude que merece.

– Entendo – respondi sorrindo. – Preciso confessar que quando que me disse que se considerava o homem mais rico do planeta, isso me pareceu um grande absurdo.

– Eu sei. Mas naquele momento as suas emoções limitadoras o deixavam fechado e defensivo. Além disso, você não tinha os conhecimentos que agora tem.

Era bastante desconcertante me recordar de mim mesmo meses antes. Como se, só agora, que a tempestade parecia amainar, eu pudesse entender a grandeza e a importância da tormenta que havia assolado minha vida. Pensar naquilo me causava certa vertigem, como se naqueles momentos eu estivesse à beira do meu próprio abismo.

Um lugar obscuro do qual eu acabava de sair.

– Agora você está muito diferente – disse Daniel ao me observar com aquele jeito que parecia estar lendo meus pensamentos. – Nesta segunda fase do treinamento aprenderá os mecanismos para aprimorar ao máximo suas regiões vitais. Para isso o primeiro passo é sempre verificar se está em um bom estado interior. Não me canso de insistir nisso. Alguns conseguem coisas materiais sem se ocupar muito com seu mundo interior, mas não passam de riquezas empobrecidas que cedo ou tarde conduzem a uma inevitável sensação de vazio e, consequentemente, a uma crise.

Sorri discretamente em silêncio. Já conhecia essa história.

— Entendido. Qual o próximo passo?

— Agora definiremos pontualmente seus objetivos.

— Objetivos? – perguntei, surpreso. – Você se refere a coisas concretas que eu gostaria de realizar?

— Isso. Sabemos que menos de noventa por cento das pessoas param para formular seus objetivos de vida. Não é surpresa que muitos tenham a sensação de viver à deriva ou de que não conseguiram chegar aonde gostariam. É impossível tomar as decisões que conduzem a uma meta se a meta não é clara! – exclamou Daniel levantando ambas as mãos. Os objetivos também precisam ser formulados corretamente para podermos materializá-los da maneira mais prática possível. Por isso, devem cumprir sempre cinco condições.

Abri apressado meu bloco de anotações. Precisava anotar tudo.

– Em primeiro lugar, como você mesmo disse, as questões precisam ser concretas. "Me sentir bem" ou "consertar minha vida" não são objetivos concretos, mas "emagrecer cinco quilos", "fazer exercícios de libertação emocional todas as manhãs" ou "ganhar cinquenta por cento a mais no próximo ano" sim. É preciso definir, o mais precisamente possível, o que deve ocorrer, para depois saber se o objetivo foi cumprido. Em segundo lugar, todo objetivo deve ser estimulante. Isso significa que apenas o fato de imaginá-lo já materializado em sua vida deve gerar uma sensação de entusiasmo. O entusiasmo é uma poderosa manifestação de energia emocional. Possuir essa energia é fundamental, pois nos ajuda a vencer as dificuldades necessárias que surgem durante o processo, entende?

– Concretos e estimulantes – concordei enquanto anotava os principais pontos daquilo tudo.

– A terceira condição dos objetivos é o realismo. Ou seja, devemos sentir que são alcançáveis, mesmo que pareçam muito difíceis. Não devemos seguir a lógica, mas o que sentimos sobre ele. Por exemplo, por mais que meu desejo seja voar, tenho certeza de que, se saltar deste avião, inevitavelmente morrerei. Portanto, esse desejo não pode ser um objetivo válido para mim.

— Bem ilustrativo — comentei sorrindo.

— A quarta condição é a coerência.

— Coerência com o quê?

— Com seus valores pessoais, é claro — respondeu como se não houvesse razão para dúvidas. — Muitos se esquecem dessa condição e buscam coisas que não desejam. E só se dão conta disso quando estão a ponto de alcançá-las... ou depois de as alcançarem. Acham que são os senhores de seus próprios sonhos, mas na realidade são sonhos da sociedade em que vivem, de seus pais ou de outras forças que tiveram influência sobre eles. Tudo não passaria de uma grande perda de tempo e energia se não fosse também um aprendizado que a vida nos oferece para nos conhecermos. Quanto mais riquezas interiores tivermos, mais autênticos seremos e, portanto, menos suscetíveis às influências ao nosso redor.

Aquilo me fez largar a caneta por alguns instantes. Eu mesmo era um exemplo do que Daniel acabara de dizer. Ter uma boa posição social e um relacionamento estável era só o que me importava, e agora entendia que não por acaso foram as duas coisas que minha família julgava mais importantes.

"Dediquei grande parte de minha vida buscando coisas que não se alinhavam com o que eu realmente queria."

— Como eu era cego — sussurrei quase sem perceber.

Daniel me observava com uma expressão compassiva.

— Nossas experiências não apenas nos permitem aprimorar o autoconhecimento, mas também a entender todos que estão passando pelo que já superamos. Não é fácil, mas também precisamos experimentar a cegueira para poder compreendê-la e assim abrirmos caminho para uma nova luz.

Concordei lentamente com a cabeça. Meu caminho estava claro, eu sentia que tudo era possível e sabia que uma nova vida esperava para ser construída.

• • •

— Falta uma condição. Você disse cinco — observei com impaciente curiosidade.

— Sim. O último requisito para formular seus objetivos é a não violência. Ou seja, o que você se propuser a fazer não deve causar nenhum tipo de dano a você ou aos outros. Infelizmente essa condição é violada constantemente, e o motivo é, outra vez, a falta de riqueza interior. Quando uma pessoa se propõe a abrir seu coração, dificilmente ficará entusiasmada por algo que, conscientemente, possa produzir algum tipo de dano a curto ou longo prazo. Na verdade, quanto maior o desenvolvimento interior, mais importantes são os objetivos relacionados a servir aos outros.

Naquele momento, a intensidade das luzes da luxuosa cabine diminuiu levemente, indicando que estávamos próximos de nosso destino. Olhei curioso pela janela. As nuvens brancas deixavam transparecer um oceano interminável que se estendia em todas as direções.

— Por acaso estamos indo para outra ilha, Daniel? – perguntei entre sério e bem-humorado.

— Isso mesmo – respondeu, alegre. – Mas esta é bem maior e mais famosa. Vou lhe dar uma pista! – E se pôs a fazer ondas com os braços abertos, imitando o mar.

Caímos na gargalhada. Mas entendi imediatamente.

— Oras! – exclamei entre risadas. – Estamos mesmo no Havaí?

CAPÍTULO 14

OS EXTRAORDINÁRIOS

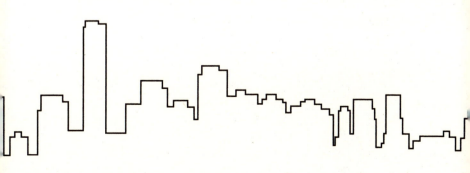

Uma limusine novinha nos esperava na saída do aeroporto.

– Sua próxima tarefa consiste em definir uma série de objetivos que cumpram as cinco condições mencionadas – disse Daniel ao entrarmos no luxuoso veículo. – Recomendo que utilize o mapa dos setores vitais como referência, pois nele ficarão claros o nível e a diversidade da sua riqueza exterior.

– Acho que já tenho algumas ideias. Mas tenho a sensação de que vou precisar de algum tempo para estar seguro.

– Quanto tempo precisar. Vale a pena estar consciente dos seus objetivos vitais. Por outro lado, não deixe que o medo de errar o paralise. Lembre-se de que os objetivos podem mudar conforme evolui.

Naquele momento o telefone de Daniel tocou.

– Sim, estamos quase chegando – se limitou a dizer em um tom afetuoso. – Hoje vai conhecer um projeto do qual sou especialmente orgulhoso, Nicolas – anunciou com entusiasmo depois de guardar o celular no bolso.

Olhei para ele com grande interesse. Mas, como de costume, ele não proferiu nenhuma outra palavra sobre o assunto.

O carro tomou uma pequena estrada asfaltada que circundava lagos, fontes e campos de golfe. Por um momento pensei que havíamos entrado em uma zona residencial de alto padrão, mas quando paramos entendi que estávamos na grande propriedade em volta de um hotel de luxo.

– E esse projeto é um hotel cinco estrelas? – perguntei, surpreso, ao observar o imponente prédio com vista para o Pacífico.

Daniel me convidou com um gesto para a porta de entrada. Estava com um sorriso enigmático.

– É melhor que veja com seus próprios olhos.

• • •

Quando entramos no grande lobby do hotel, foi impossível não olhar em volta de queixo caído. Era um espaço imenso e completamente aberto para o mar, com uma vista imponente para uma praia de areias brancas. A luz do Sol penetrava no interior e se dispersava em milhares de tons nos gigantescos lustres que pendiam do teto. O chão de mármore por onde caminhávamos tinha uma curiosa tonalidade azulada, com lindos motivos marinhos esculpidos. A brisa e as cores do oceano preenchiam o lugar em perfeita harmonia com a decoração acolhedora. Pasmo, observei que atrás da recepção havia uma cascata de fina areia branca que caía em silêncio, colorida pela luz de um projetor.

Eu sabia que Daniel se divertia ao observar minhas reações. Ao longo da vida me hospedei em alguns hotéis sofisticados, mas nunca havia visto nada parecido com aquilo.

Uma melodia relaxante tomava o ambiente e reparei que alguém tocava um piano de cauda. Junto ao piano, uma pessoa com calça e camisa brancas parecia assinar a página de um livro enquanto um pequeno grupo o rodeava com evidente admiração.

Sem dúvida tratava-se de alguém famoso, mas não pude identificá-lo. Pensei que minha ex-esposa saberia imediatamente quem era. Nunca tive muito interesse em personagens midiáticos.

Chegamos a uma área ampla, cheia de sofás, onde encontramos um grupo de pessoas. Chamavam a atenção, pois todas estavam vestidas com roupas informais de verão, completamente brancas. Eram homens e mulheres de feições e traços muito diferentes, a maioria parecia ter idade avançada. Alguns se levantaram quando nos viram e vieram nos dar boas-vindas.

Meu amigo os apresentou pelo primeiro nome, enquanto eu apertava suas mãos tentando memorizar cada nome. Logo entendi que a maioria vinha de países diferentes, mas tive a estranha sensação de que conhecia alguns deles.

Daniel passou a conversar com clara alegria, e eu me sentei em um confortável sofá, observando com atenção aquele curioso grupo.

Que projeto seria aquele mencionado por Daniel? Parecia provável que tinha algo a ver com aquelas pessoas, mas quem eram elas?

Voltei a reparar na heterogeneidade de traços, especialmente chamativa por todos se vestirem de forma parecida. Também era óbvio que havia grande amizade e cumplicidade entre eles. Parecia um encontro de velhos amigos, companheiros que viveram muitas experiências importantes juntos.

Mas havia ainda algo mais. Algo que, de alguma forma, escapava à minha percepção.

Observei a atitude calma e firme dos gestos de Daniel, o modo afetuoso e descontraído com que conversavam. A espontaneidade com que compartilhavam longos períodos de silêncio, sem nenhuma demonstração de incômodo. Era como se não fosse necessária nenhuma formalidade entre eles, mas havia um profundo respeito e apreço mútuos.

Havia algo muito singular naquela cena. Era quase possível afirmar que uma força muito mais poderosa que a mera amizade os unia. Na verdade tentei, mas fui incapaz de encontrar algum termo ou palavra que descrevesse minha impressão.

Um tipo alto, de pele morena e olhos rasgados, me olhava fixamente da cadeira onde estava sentado. Sem poder evitar, meus olhos ficaram presos aos seus. Ele tinha algo que me remetia à tranquilidade permanente dos monges japoneses que eu havia conhecido dias antes. Mas alguma coisa em sua postura, o simples fato de estar sentado naquela cadeira, sugeria que se tratava de alguém da realeza.

Não me lembrava de ter sido apresentado a ele, mas parecia claro que também fazia parte do grupo peculiar. E assim o cumprimentei levemente com a cabeça, ao que ele correspondeu com um largo sorriso, sem deixar de me atravessar com seu olhar estranho.

Um tanto perturbado, me obriguei a desviar o olhar. Um casal, também parte do grupo, conversava em voz baixa perto de onde eu estava. O homem, alto e forte, ouvia com atenção uma pequena mulher que parecia se esforçar para explicar algo a ele. Tentei aguçar a audição, mas só captei algumas palavras soltas.

"Estocolmo... presidência... patronos... Nobel... fácil... Senado..."

O sujeito disparou uma gargalhada diante das palavras de sua interlocutora. Foi quando o reconheci.

– Não pode ser – murmurei quase sem acreditar.

– Não se deixe impressionar muito – alguém falou inesperadamente às minhas costas. Uma mulher de corpo volumoso e olhos faiscantes estava em pé atrás de mim, com um copo em cada mão. Também estava totalmente de branco.

— Um trabalho não precisa ser midiático para que seja útil, mas alguns de nós não podem evitar se expor aos olhos das massas. Suco de melancia?

Me ofereceu um dos copos com um sorriso amistoso e uma piscadela. Gostei dela imediatamente.

Aceitei o copo com sinceros agradecimentos. A mulher falava com um forte sotaque russo, que de alguma maneira realçava sua atitude afetuosa e extrovertida. Olhando seu rosto, voltei a ter a sensação de que não era a primeira vez que a via.

— Nicolas Sanz — me apresentei, apertando sua mão macia.

— Prazer. Pode me chamar de Irina — respondeu enrugando graciosamente o nariz. — Suponho que seja o pupilo de Daniel... Não fique chateado com ele. Sei que o grandalhão deve levar você para todo lado sem lhe dizer em qual parte do planeta vão parar.

A surpresa ao ouvir aquela frase me fez parar o copo antes de levá-lo aos lábios.

— Ah! Você se assustou com o fato de eu saber disso — declarou a mulher encolhendo os ombros. — Sempre estamos a par das atividades dos membros deste grupo. Mas, acredite, Daniel está bem empolgado com os seus progressos.

Não pude evitar certo desconforto em saber que minhas atividades eram de domínio público. Na verdade, a atitude carinhosa daquela mulher passava a forte sensação de poder confiar nela para qualquer coisa.

– Bem, a verdade é que eu estou começando a me divertir também – admiti depois de titubear. – É um instrutor excelente e, sem dúvida, sempre me surpreende. Por exemplo, reconheço que eu não esperava algo assim, como este encontro – disse, apontando para o lugar incrível onde estávamos.

A mulher deu um gole em seu suco, concordando e tentando disfarçar um sorriso cúmplice. Reparei que ela também possuía o olhar voraz que Daniel às vezes me dirigia. Me perguntei se todos ali tinham o mesmo talento.

– É um lindo hotel – reconheceu, olhando rapidamente ao redor. – Eu teria optado por algo um pouco menos... exuberante, mas nosso amigo tem apreço por esse tipo de lugar e, bem, foi ele quem nos reuniu aqui. Ele é o responsável por escolher os locais de nossos encontros. – De repente, fez um gesto como se houvesse se lembrado de algo importante. – Suponho que Daniel comentou o que fazemos aqui – disse, apertando os olhos.

– Em absoluto. Só comentou que este lugar hospeda um projeto do qual se sente especialmente orgulhoso e depois disse que eu descobriria mais coisas sobre mim mesmo.

A mulher deixou escapar uma risada bastante peculiar e contagiosa e sentou-se ao meu lado em um dos sofás.

– Na realidade, o tal "projeto" nada mais é que este grupo de pessoas à sua frente. Ainda faltam chegar alguns, mas o grande êxito de Daniel é ter reunido todos nós.

– Mas... quem é você? – perguntei, baixando a voz quase sem perceber.

– Chamamos a nós mesmos de "o clube" ou "o grupo", embora eu saiba que seu instrutor utiliza um termo um tanto quanto... grandiloquente – explicou a mulher ao observar com carinho Daniel conversando a certa distância.

"Em nossas reuniões, o que menos importa é a identidade de cada membro. Tentamos ser muito cuidadosos com questões que possam despertar vaidades ou arrogâncias, e por isso evitamos mencionar nossos sobrenomes, títulos ou conquistas pessoais. Por isso, quando nos reunimos, usamos nosso primeiro nome, nos vestimos de maneira parecida e fazemos quase tudo juntos. Aqui somos todos iguais, peças que formam um todo muito mais importante que qualquer uma de suas partes. É uma regra que respeitamos com extrema devoção", enfatizou enquanto movia lentamente a cabeça. "A maioria aqui já tem muitos anos nas costas, passou por experiências intensas... Por isso é fundamental para nosso objetivo comum que nosso ego não assuma as rédeas."

Escutava sem saber muito bem o que pensar. Tudo aquilo era estranho demais e passei a considerar a ideia de que Daniel havia criado uma espécie de seita formada por personalidades com grande influência social.

– E... qual é o propósito disso? – perguntei, evitando externar minhas suspeitas.

– Somos um laboratório de ideias. Um *think tank*, como alguns costumam chamar. Nos ocupamos com as questões mais problemáticas que afetam o mundo ou alguns países, geralmente nos níveis social, político e econômico. Depois criamos objetivos concretos. Daniel já falou com você sobre isso?

– Sim. As cinco condições que todo objetivo deve possuir – disse, me sentindo quase como um menino, feliz por saber a lição.

— Isso mesmo! Nós criamos objetivos e depois traçamos planos de ação viáveis para que possam ser atingidos — disse, com um ligeiro movimento de ombros que acompanhava a ênfase de suas palavras. — Reconheço que há alguns anos eu jamais pensaria que algo assim pudesse trazer algum resultado em um mundo como este. Mas as ideias e propostas que nascem em nosso pequeno grupo despertam cada vez mais a atenção deles.

— De quem?

— Dos que se agarram ao cobiçado leme do poder, é claro — respondeu com naturalidade, mas baixando os olhos com um ar cansado ou talvez triste. — Basicamente líderes políticos e os mais altos cargos nas corporações, que influenciaram e influenciam de forma determinante os acontecimentos mundiais.

— Entendi — sussurrei, cada vez mais surpreso. — Você disse que foi Daniel quem formou este... grupo?

— Foi ele. Uma das maravilhosas qualidades desse nosso amigo é sua habilidade de despertar capacidades ocultas nas pessoas. Uma habilidade que eu também achava que tinha, de maneira intuitiva — adicionou com um sorriso —, mas seu instrutor tem um dom e o usou com sabedoria para formar este grupo.

– Perdão – eu disse, meneando a cabeça –, mas acho que não entendi. Sei que Daniel tem uma facilidade especial para entender as pessoas, mas o que isso tem a ver com o seu grupo?

Irina observou calada por alguns instantes as diferentes pessoas que conversavam discretamente. Reparei que o indivíduo que dava autógrafos na entrada também havia se misturado ao grupo de branco.

– As pessoas que você vê têm culturas, personalidades e vida muito diferentes. Mas todos estamos dispostos a nos unir e criar grandes coisas. – Irina parecia escolher suas palavras com muito cuidado. – Para isso é necessário certo grau de conhecimento e autodomínio. O que fazemos não é muito comum, muito menos fácil de explicar. Em todo caso, este grupo existe graças à capacidade de nosso amigo de enxergar o interior das pessoas, e, por isso, todos somos imensamente agradecidos a ele.

Nesse momento Daniel se aproximou por trás de nós e nos envolveu com seus grandes braços.

– Mas que dupla inusitada temos aqui! – exclamou. – Nicolas, acabou de conhecer a mente mais brilhante deste lugar. Tenha muito cuidado com ela!

∙ ∙ ∙

Daniel e Irina ficaram brincando e rindo por alguns minutos até que a simpática e roliça mulher nos deixou e fomos nos registrar no hotel.

— Estou tendo uma ideia do projeto que desenvolve com este grupo — disse pensativo ao esperarmos o elevador. — Sua amiga me explicou que se trata de um "laboratório de ideias" e, embora eu tenha muitas perguntas sobre isso, gostaria que me respondesse a uma em especial. Por algum motivo, o rosto de Irina me é familiar, assim como o de vários de seus amigos. Na verdade, acho que reconheci até um chefe de Estado entre os membros do grupo! Por acaso estou ficando louco, Daniel?

— De jeito nenhum — contestou o grande homem com um sorriso. — Certamente algumas das pessoas que acabou de ver foram ou ainda são figuras públicas que aparecem nos meios de comunicação com frequência. Há empresários, cientistas, políticos, filósofos, jornalistas, escritores... Alguns são reconhecidos internacionalmente por suas conquistas profissionais. A maioria se destaca nas áreas em que atuam.

– Certo. Mas entenda a minha curiosidade por tudo isso. Não pode me dar mais detalhes? Só falei com Irina. Ela também é famosa?

Daniel me encarou em silêncio e com uma expressão engraçada. Nesses momentos eu tinha a sensação de que ele se divertia com a minha ignorância.

– Irina é uma personalidade em seu país, nos campos da ciência e da política. Foi a segunda mulher na história a fazer uma viagem espacial. Sinto não poder dar mais detalhes, mas espero que essa informação tenha sido um pouco mais... detalhada.

– Está bem – murmurei, realmente impressionado ao me lembrar do rosto bem-humorado da mulher com forte sotaque russo.

– Porém – continuou Daniel enquanto íamos por um largo corredor acarpetado –, a condição para pertencer a esse grupo nada tem a ver com êxitos profissionais, mas com as conquistas pessoais alcançadas. Também não se trata de poder econômico ou da influência social que possam ter, mas, sim, da riqueza interior que alcançaram e da capacidade de sintonia com o propósito do grupo. É isso o que os extraordinários realmente fazem, e essa é a grande diferença entre nosso laboratório e os outros.

"Hoje existem mais de mil laboratórios de ideias pelo mundo. Mas todos os *think tanks* dos quais já participei em minha vida não tinham essa sintonia, e a maioria de seus membros atendia às reuniões por motivos claramente egoístas. Em vez de 'como posso contribuir para o grupo', a atitude mais frequente era 'como esse grupo pode contribuir para mim?'. O egoísmo destrói qualquer possibilidade de sintonia voluntária com a grande mente formada pelo agrupamento dessas pessoas. A sintonia, Nicolas! A sintonia!", exclamou Daniel com uma veemência fora do comum. "É o elemento imprescindível para extrair o enorme potencial que os seres humanos possuem quando se unem."

– Irina insinuou algo assim quando me contou os objetivos das suas reuniões – falei. – Mas preciso reconhecer que isso de "fundir mentes" me soa um pouco estranho.

– A ciência ainda não explorou muito o potencial de nossa capacidade mental – explicou. – A maior parte das questões fora do campo material é, na verdade, mental, e nosso conhecimento sobre elas é muito incipiente. Ainda procuramos nossa mente nesse órgão físico chamado cérebro!

"No entanto, a ideia de fundir várias mentes em um propósito comum é tão antiga quanto o próprio homem. Muitas pessoas fizeram isso ao longo da História, geralmente de maneira inconsciente. Hoje, a maioria dos *think tanks* é exageradamente influenciada por interesses políticos ou econômicos. E isso, como eu já disse, é uma porta aberta para o egoísmo, destruindo qualquer possibilidade de formação da sintonia necessária.

"Por isso preferimos deixar de fora de nossas reuniões qualquer referência a nossa vida pessoal, inclusive a roupa, os títulos ou nossos próprios nomes, apesar de todos saberem quem é quem" admitiu, encolhendo os ombros com um ligeiro sorriso. "Mas esse costume nos ajuda a atuar com base em nosso aspecto transpessoal e não egocêntrico, entendeu?"

– Irina também mencionou que foi você quem reuniu o grupo.

– Foi. Por isso lhe disse que se trata de um projeto muito especial. Levei quase vinte anos para que essas pessoas se conhecessem, mas dessas reuniões estão surgindo recursos valiosos para o bem de todos.

– Por exemplo? – perguntei com sincera curiosidade.

– Temos apresentado diversas soluções para resolver problemas ligados ao modelo econômico atual.

Periodicamente apresentamos propostas sobre mudanças legislativas em vários países e organismos internacionais; tentamos promover pesquisas científicas sobre assuntos que possam levar a grandes benefícios mundiais... cada vez mais líderes políticos ouvem nossas opiniões sobre esses problemas contemporâneos. Além disso, esperamos que nossa atividade crie um precedente e que outros grupos com características similares se formem em outros lugares. Alguns membros do grupo trabalham com muito empenho para que isso aconteça.

Olhei para Daniel sem saber o que dizer, pois minha mente tentava assimilar as dimensões colossais de tudo aquilo.

– No entanto – continuou –, se precisa de um exemplo mais específico, saiba que um dos maiores desafios que temos no momento tem a ver com recursos energéticos sustentáveis. Temos vários planos de ação em andamento sobre esse assunto e apresentamos aos organismos competentes planos de adaptação detalhados, baseados em fontes de energia limpa, para as próximas décadas. Nesse campo há muitos interesses egoístas, mas chegou a hora de enfrentarmos grandes mudanças.

De repente, uma ideia surgiu e percebi que muitas das experiências que vivi com aquele homem tomaram uma nova perspectiva.

– Nossa visita à universidade em Tóquio tem relação com isso, não é? – perguntei.

Daniel assentiu com uma piscada cúmplice.

– Exato. E também meus investimentos na empresa de geoprospecção do Quênia, a proposta de aprimorar a medicina tradicional por meio do hospital universitário na Índia e muitos outros projetos que ainda não tive a oportunidade de mostrar a você, caro amigo. Já faz anos que minha *holding* de empresas investe pesado nos planos de ação criados pelo Clube dos Extraordinários.

– Clube dos Extraordinários?

– Bem, é assim que eu gosto de chamar esse grupo tão especial de pessoas. Mas eles não gostam muito do termo.

– Sim, Irina falou algo sobre isso – observei com uma atitude um pouco distante, pois ainda assimilava o que acabara de ouvir.

Parecia que tudo assumia um novo sentido. Os interessantes projetos dedicados ao bem comum que eu havia conhecido em vários países do mundo não eram iniciativas próprias de Daniel, mas de um grupo de pessoas que tomavam suas decisões seguindo um misterioso método. Um método que eu não era capaz de compreender.

– Entendo que tudo isso possa lhe parecer estranho, mas asseguro que no devido tempo conseguirá compreender tudo da mesma forma como agora entende o verdadeiro significado da riqueza interior. Como qualquer ser, a humanidade não para de evoluir, Nicolas – acrescentou ao parar em frente à porta de seu quarto. – Quando formos um pouco mais sábios, nos será inadmissível que uma só pessoa detenha de forma egoísta o poder de definir o destino de milhões de outras. Essa responsabilidade será entregue aos que estiverem verdadeiramente preparados para liderar a serviço do ser humano. Garanto que essas pessoas atuarão formando grupos que trabalhem em perfeita harmonia, **sem interesses individuais e com uma poderosa vontade de ajudar a humanidade**. Não haverá pessoas servindo ao poder, mas grupos com o poder de servir.

CAPÍTULO 15

O PLANO

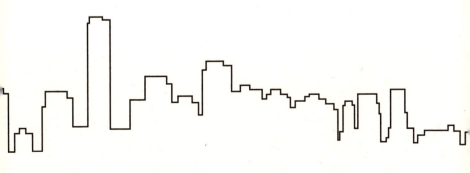

Entrei em minha enorme e luxuosa suíte distraidamente, mal notando a espetacular paisagem do Pacífico que o terraço oferecia. Em minha cabeça ressoavam apenas as últimas palavras de Daniel, cujas consequências eu começava a compreender.

Sempre me convenci de que o mundo estava dominado unicamente por pessoas egoístas e cruéis, cujo único interesse era acumular dinheiro e poder. No entanto, Daniel era a prova de que havia outro tipo de gente. Indivíduos com grande poder e influência que rejeitavam a ganância e tentavam melhorar as coisas em benefício de todos.

Sem dúvida era uma semente de esperança.

E ainda havia outras pessoas com a mesma sabedoria de meu amigo milionário, unindo forças e trabalhando nos bastidores da opinião pública.

Alguém bateu com força na porta e, quando abri, Daniel entrou em meu quarto, animado.

— Este hotel não é fantástico? — exclamou, saindo para o terraço privado, abrindo os braços como se quisesse envolver o oceano que se espalhava diante de nós.

Reparei que havia trocado de roupa e vestia calça e camisa brancas.

— É impressionante — admiti ao observar com satisfação a confortável suíte. — Fico feliz em saber que temos gostos parecidos.

— Ficaremos uns três ou quatro dias — comentou depois de soltar uma de suas ruidosas gargalhadas. — Nesse tempo poderá assistir a nossas reuniões ou trabalhar em seu próprio projeto. Lembre-se de que você precisa definir seus objetivos pessoais.

— Confesso que tenho certa curiosidade em ver como funciona o seu laboratório de ideias — reconheci, pensativo. — Mas creio que prefiro me concentrar em mim, Daniel. Quero estabelecer minha lista de objetivos quanto antes, para começar a implementá-la.

— Excelente! – exclamou ele, me dando firmes tapas nas costas. – Mas não deixe de desfrutar um pouco este lugar, certo?

...

Nos três dias seguintes fiz passeios pela praia e pelo jardim do hotel enquanto definia meus objetivos um a um. Para isso, me assegurava de que cumprissem as cinco condições e logo os anotava em meu caderno. Fiquei inseguro com alguns, por medo de não ser capaz de alcançá-los. Então me esforçava além da mera análise mental e tentava sentir se, apesar da aparente dificuldade, o objetivo em questão estava realmente ao meu alcance.

A resposta foi afirmativa em todos os casos.

Outra complicação tinha a ver com certa resistência ao compromisso. Pensava no que aconteceria se eu mudasse de opinião e desistisse daquilo a que estava me propondo. Mas Daniel havia me avisado que definir um objetivo não era como assinar um contrato inalterável.

"É bem provável que precise fazer algumas mudanças", ele disse, "adaptar os objetivos às circunstâncias para conseguir materializá-los. Lembre-se sempre de que a questão não é o objetivo em si, mas a pessoa que você deve se tornar para conquistá-lo."

•••

Saí de minha suíte pensando em realizar meus exercícios na praia. Ao chegar à areia encontrei o grupo de Daniel. Estavam sentados com os olhos fechados e em silêncio absoluto. Tudo o que se ouvia era o murmúrio do mar batendo na costa suavemente.

Sentei-me junto a eles com toda a discrição possível e também fechei os olhos para focar minha atenção no relaxante som das ondas. Me lembrei do ensinamento dos monges do templo sobre não lutar contra ruídos e sensações externos. O melhor a fazer era ouvir atentamente; assim, a própria mente deixaria de lado o mundo dos sentidos e voltaria de forma espontânea a sua atividade interior.

Logo me esqueci dos ruídos da praia e me concentrei no movimento de meus próprios pensamentos. Eram lembranças ou fantasias que minha mente criava de forma aleatória. Às vezes eram imagens e, outras, monólogos de minha voz interior. Bastava observá-los com tranquilidade, tentando não me deixar levar por eles, até desaparecerem por completo.

Comecei a perceber com maior clareza a agradável calma que se interpunha entre cada pensamento. Com ela ressurgiu aquela maravilhosa sensação de infinitas possibilidades.

Foi a primeira vez que alcancei aquele estado com tanta facilidade. Contemplei vagamente um pensamento que me aconselhou a não me deixar levar pela empolgação que aquela conquista produzia.

Logo, todo meu interior ficou em silêncio e toda a minha força de vontade se concentrou em contemplar aquela quietude.

Foi quando, de repente, senti que naquele remanso de paz interior havia algo mais.

Não era "algo", mas, sim, "alguém".

Uma poderosa sensação presencial se manifestou em minha consciência com uma clareza avassaladora. Quem poderia ser? Quem?

A impressão dessa percepção inesperada fez com que minha mente se voltasse de imediato para o mundo exterior, tentando encontrar a origem daquela sensação por meio de meus sentidos. Novamente, o ruído do mar, a umidade da areia, a brisa no rosto... mas também uma sensação intensa, íntima e quase palpável de estar na companhia do resto do grupo.

Me dei conta de que naquele momento pude sentir com uma incrível clareza as pessoas que me cercavam. Sentia onde estavam, quantas eram e até como cada uma respirava.

A presença continuava ali. Se fazia cada vez maior e mais evidente. Compreendi que não vinha de nenhum membro do grupo, mas da soma de todos.

Era algo maravilhoso.

Era pura sabedoria e poder. Entendi que poderia mergulhar naquele mar de energia, ser um com todos e, contraditoriamente, me perder em minha individualidade.

Me perguntei como não havia percebido antes, como podia não ter me dado conta de algo assim.

Imediatamente vieram à minha mente muitas respostas, uma avalanche de informações que despedaçou meu silêncio interior. Lutei para recuperar aquele maravilhoso estado de calmaria.

Ao me esforçar, entendi que não seria a maneira mais adequada. Recorri à memória do que havia sentido, em vez de concentrar a atenção no momento presente.

De repente, ali na praia, alguém se moveu em minha direção. Parecia que a meditação havia terminado e as pessoas que me rodeavam começaram a se levantar.

Continuei com os olhos fechados, tentando ignorar o grupo, que parecia se mover em silêncio, como se fosse uma única pessoa.

– É como a água, Nicolas – sussurrou alguém muito próximo. – Não se pode agarrar. Só é possível observar sua profunda beleza até mergulhar nela.

Abri os olhos e olhei em volta, atordoado. Várias pessoas estavam ali, mas nenhuma me deu atenção. Todas se mantinham em silêncio, a maioria a caminho do hotel e outras espreguiçando-se ou alongando-se.

Daniel se aproximou me saudando com um aceno de mão.

– Bom dia, pequeno gafanhoto! – brincou.

– Bom dia – respondi sorrindo. – Por acaso falou comigo enquanto eu meditava?

– Não. Por quê?

– É que alguém... – titubeei. – Bem, esqueça. Não tem importância.

Daniel me olhou demoradamente.

– Na verdade, é possível que alguém tenha dito, Nicolas. Temos aqui pessoas muito sábias e intuitivas.

Se alguém lhe disse algo, recomendo que dê a devida importância. Seja lá o que for.

Concordei pensativo.

"É como a água. Não se pode agarrar. Só é possível observar sua profunda beleza."

• • •

Naquela mesma manhã deixamos o hotel, depois de trocar as últimas palavras com alguns dos membros do grupo. Fiquei surpreso por não ver todos ali, e também com a rapidez e simplicidade da despedida.

– Parece que o Clube dos Extraordinários não gosta muito de dizer adeus – observei no caminho para o aeroporto.

– Não é isso – disse Daniel com ar pensativo. – É algo meio difícil de explicar. Tem a ver com um sentimento geral.

– Como assim?

– Os membros desse grupo têm a sensação de que, de alguma forma, a distância não é um fator de separação. É como se mantivéssemos contato mesmo estando em lugares diferentes do planeta. Esse sentimento de união é ainda mais forte nos dias seguintes às nossas reuniões. De qualquer maneira, para a maioria isso torna a despedida um protocolo social ainda mais desnecessário.

Observei meu companheiro por alguns instantes antes de responder:

— Meu Deus, Daniel, sua explicação é ao mesmo tempo interessante e bem estranha! Você realmente formou um grupo de pessoas muito... peculiares.

A gargalhada de meu amigo veio em seguida.

— Bem, sempre achei que os "estranhos" são os responsáveis por mudar o mundo – disse com uma piscadela. – Falando em mudar mundos, como se saiu com seus objetivos?

— Acho que consegui – suspirei. – Espero que eu não tenha colocado muitos!

— Não são muitos, contanto que cumpram os requisitos que você conhece.

Com certa timidez li a lista cuidadosamente elaborada nos últimos dias.

Meu primeiro objetivo era concluir minha especialização como médico pediatra. Como Daniel havia recomendado, usei como referência os setores que formavam a verdadeira riqueza exterior e apliquei as cinco condições que cada objetivo deveria cumprir.

Eu sentia que me tornar médico pediatra enriqueceria muito vários de meus setores vitais.

Eu também sabia, graças à análise de meus valores pessoais, que a autoestima era muito importante para mim. Por isso, detalhei essa meta, especificando que trabalharia em um hospital de renome internacional.

Olhei rapidamente para meu amigo instrutor. Daniel me escutava com atenção e em silêncio, mas assentiu com a cabeça para que eu continuasse.

Tomei fôlego e li o resto dos objetivos até o fim. Depois me dei conta de que o simples fato de verbalizar cada um deles gerou em mim uma poderosa corrente de entusiasmo.

Ao anunciar que queria recuperar minha mulher quando voltasse para casa, vi um brilho momentâneo no olhar de Daniel. Não fez nenhum comentário e se mostrou muito satisfeito quando terminei de ler minha lista.

— Parabéns, Nicolas. Os objetivos são dignos de seu potencial e, obviamente, lhe trarão toda a riqueza exterior que merece. Depois das metas definidas, a próxima etapa de seu processo de materialização é manter a atitude adequada. É a última peça para transformar sua energia interior em bens exteriores. Este será o assunto ao qual dedicaremos o tempo restante de seu treinamento.

Fez uma grande pausa e fechou brevemente os olhos para encontrar as palavras certas.

Algo muito importante estava para acontecer.

— A maioria fala em "perseguir seus sonhos", mas trata-se de uma expressão infeliz. Em primeiro lugar, a palavra "sonho" faz menção a algo que está distante do plano material e que nos faz sentir, de maneira quase inconsciente, que estamos longe dele. Em segundo lugar, no processo real de materialização dos objetivos não se precisa "perseguir" nada.

— Não? — perguntei, surpreso. — Pensei que era preciso realizar as ações necessárias até atingir o que se deseja.

— Isso mesmo. Mas não conseguirá isso perseguindo, ou seja, correndo atrás de algo que eternamente escapa de você. Nunca menospreze o efeito do verdadeiro significado das palavras, Nicolas. É muito melhor pensar que todo objetivo deve vir "até você". Seu trabalho não é ir a lugar nenhum, mas transformar-se em alguém preparado para que o seu desejo possa se tornar real em sua vida.

— Achei que a parte do trabalho interior tivesse terminado...

– As coisas brotam de nós. Absolutamente tudo! – disse Daniel estendendo seus braços largos. – O fato de possuir riqueza interior suficiente quer dizer que também tem a energia adequada e a mente com determinado poder de concentração. Garanto que qualquer um que atingiu algum objetivo na vida, seja deliberada, seja inconscientemente, seguiu o mesmo procedimento.

"Contudo, também será preciso traçar um plano de ação para realizar seus objetivos. Um plano é um encadeamento de ações que conduz à conquista desejada. A maioria dos planos, principalmente os ambiciosos, sempre apresenta uma parte que parece independente de nós, que é o que chamamos de 'acaso'."

– Entendi. Só falta você me dizer que sorte não existe.

– Claro que existe! O problema é que não sabemos como funciona. O que chamamos de "sorte" é mera consequência de nossas ações passadas. Temos a impressão enganosa de que não controlamos nossa própria sorte apenas porque não nos lembramos de todas as nossas ações. É fácil entender o motivo disso! Ainda mais se considerarmos que uma ação não é somente algo físico, mas também emocional e mental. **Não é apenas o que você faz que determina sua sorte, mas também o que pensa e sente.**

– Um minuto... – precisava assimilar tudo aquilo.
– Posso me responsabilizar por todos aqueles passos que dependem de meus atos. Mas está sugerindo que também posso influenciar os que não dependem de mim?

– Estou dizendo que alguns dos passos que compõem seus planos dependerão diretamente de suas ações. Mas, veja bem, os que parecerem depender do azar, do destino, de Deus, na realidade também são muito influenciados por seus atos.

– Meus... atos? – repeti meio atordoado.

– Isso mesmo. Os atos são movimentos emocionais ou mentais que favorecem ou dificultam a materialização de nossos objetivos. Por exemplo, há um ato que favorece bastante a revelação de oportunidades necessárias para conseguirmos o que queremos.

O grandalhão fez uma pausa e disparou um de seus olhares mais inquietantes.

– Sabe do que estou falando, Nicolas?

Neguei com a cabeça, sentindo-me enfeitiçado pela aura mágica que começava a emanar daquela conversa.

– Significa que quem conhece as regras da ação correta é capaz de materializar praticamente qualquer coisa que se proponha a fazer.

CAPÍTULO 16

ATOS E SINAIS

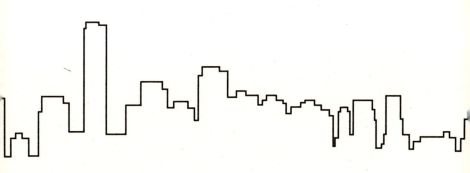

—O primeiro passo para a atitude correta é não desejar seu objetivo com força exagerada e muito menos pensar que necessita dele.

Novamente na luxuosa aeronave, Daniel afirmava aquilo como se fosse algo óbvio. Por sorte, me deu alguns instantes para meditar sobre a frase.

– Não faz sentido – finalmente me rendi. – Uma das condições que um objetivo deve ter é...

– Que sinta grande entusiasmo ao alcançá-lo – emendou meu companheiro. – Está certo. Mas existe uma importante diferença entre entusiasmo e necessidade. Você é muito mais importante do que qualquer coisa que puder desejar, Nicolas. Portanto, ao sentir necessidade de alguma coisa, a pessoa se identifica com a falta dela, e isso limita muito sua capacidade de alcançá-la. É preciso mover-se em direção ao objetivo impulsionado pela motivação, mas sempre mantendo uma atitude de desapego com o resultado.

Observei Daniel em silêncio, tentando assimilar o significado de suas palavras. Algo me dizia que se tratava de um conceito de importância máxima, mas me sentia confuso diante de seu significado paradoxal.

– Você vai entender – continuou. – Cada vez que queremos algo exageradamente, focamos quase toda nossa energia no desejo e muito pouca na materialização do próprio desejo. Tenho certeza de que alguma vez na vida já quis algo, mas as circunstâncias se complicavam cada vez mais e o levavam para longe de conseguir.

"Mas então o tempo passa e você começa a se esquecer um pouco do assunto. Não é que tenha deixado de desejar, mas o tempo que passou fez com que a intensidade de seu desejo diminuísse. Continuou querendo, mas ele deixou de ser necessário para que você se sentisse bem.

"Assim, inesperadamente, um dia, o que tanto desejava aparece em suas mãos!", exclamou, olhando com surpresa para suas grandes mãos como se algo tivesse de fato aparecido nelas. "Com isso a vida tenta nos ajudar a entender que, embora possamos ter praticamente qualquer coisa, **na verdade precisamos de muito pouco. Nossa única propriedade real é tão somente nós mesmos**."

Era assombroso. Em todas as situações do passado em que me lembrava de ter desejado algo específico, aquilo havia ocorrido. A bicicleta que sonhei por toda a infância, o primeiro encontro com Sara, as promoções no trabalho, o caríssimo piso que compramos...

Não me lembrava de ter conseguido nada daquilo no momento em que mais desejava. Sempre surgia alguma complicação ou circunstância que se interpunham antes de finalmente aparecerem diante de mim.

– Desapegar-me do resultado, evitando desejar excessivamente – disse, observando cuidadosamente a interessante revelação. – Pode ter certeza de que nunca mais me esquecerei disso. O que mais preciso saber quanto à atitude?

– A segunda questão tem a ver com a fé. Existe um antigo axioma que diz "crer é criar". É uma afirmação tão correta quanto importante, que nos convida a revisar cuidadosamente cada uma de nossas crenças.

Pode-se dizer que é uma lei universal que funciona com precisão implacável. Vou lhe dar um exemplo. Imagine que alguém crê com todas as forças que algo é possível e que está chegando cada vez mais perto, ou seja, que está no caminho certo. Muitas pessoas têm esse tipo de fé em mente. Pois bem, a lei de atração toma esse pensamento recorrente e o reproduz com perfeição no plano físico. Ou seja, essa pessoa continuará eternamente próxima, talvez cada vez mais próxima, mesmo que siga pelo caminho certo, mas nunca terá aquilo que quer! – exclamou Daniel com uma forte palmada que me fez derrubar a caneta, tamanho susto.

E continuou com veemência:

– Portanto, o único modo de fazer com que um objetivo se materialize em sua vida é crer, com toda força e vontade, que já o conseguiu e que ele faz parte de sua vida.

– Entendo – murmurei com certas dúvidas. – Mas isso não é enganar-se a si mesmo, Daniel? Quero dizer, agora mesmo não tenho nada do que escrevi em minha lista de objetivos!

– Mas isso comprova minha afirmação: se não crê, não possui.

Por alguma razão, fiquei perplexo. Jamais teria pensado nisso.

– Olhe, Nicolas – continuou o grandalhão –, a chave está exatamente em não se enganar, mas compreender que qualquer coisa que possa imaginar já existe em sua dimensão mental. Damos tanta importância ao que ocorre no mundo material que chegamos a nos convencer de que o que acontece nas esferas emocionais e mentais não faz parte da realidade. Isso, meu amigo, é um erro terrível para todos os que desejam ver seus sonhos realizados.

"Por isso recomendo que mude essa crença agora mesmo. Vamos, comece a mudar!", exclamou novamente. "As crenças são pacotes de informações mentais autônomas que influenciam de maneira poderosa nossa visão de mundo. São o equivalente mental de nossas emoções limitadoras ou capacitadoras. Mas sabe de uma coisa? Podemos mudá-las! Se realmente nos propormos, se focarmos a mente com a persistência necessária, podemos transformar uma crença limitadora em capacitadora. Achamos que temos que ter algo para podermos acreditar nele, mas comece a acreditar a partir de agora que você cria tudo o que pensa.

"Essa lista magnífica de objetivos que você definiu com tanto cuidado", continuou, apontando para o meu caderno, "já existe em seu plano mental pelo simples motivo de haver pensado nela. Agora, para poder materializá-los e permitir que apareçam em sua realidade física, precisa acreditar na existência deles com todas as suas forças, mesmo que ainda não os veja."

– Certo. Acho que agora entendi melhor – disse, tentando assimilar tudo. – Não está me pedindo que acredite em algo que não existe, mas em algo que não posso perceber com meus sentidos. Acertei?

– Exato. É um bom jeito de ver. Mas, sendo mais preciso, é possível percebê-los, sim. Use seus olhos, ouvidos e sentidos interiores... Ou seja, sua própria mente – pontuou. – Em todo caso, quanto mais força colocar na crença, mais facilmente a materialização acontecerá.

Me recostei em minha confortável poltrona para refletir. Eu acabara de perceber que não era a primeira vez que me explicavam essa teoria.

– Na verdade, acho que não é a primeira vez que ouço isso – afirmei. – Você disse que se trata da "lei da atração", certo?

Daniel concordou com um sorriso.

– Isso mesmo. A lei da atração é um princípio universal, tão real quanto a lei da gravidade. É um princípio que obedece ao nosso plano psicológico e não ao físico, e por isso nossa ciência é um tanto arredia em admitir seu valor. Mas cada vez mais pessoas despertam para sua existência e a usam em seu favor.

"O problema", continuou com um gesto de advertência, "é que muitos interpretam que o simples fato de visualizar o que desejam fará com que tudo se realize. Mas não é tão simples assim. É preciso que as duas condições mencionadas aconteçam: desapego ao que se deseja e crença de que já o possui. Para que essas duas condições realmente se apliquem, também é fundamental ter conquistado uma certa riqueza interior."

– Não consigo entender a relação.

– É simples. É difícil desapegar-se do que desejamos sem termos um mínimo de autoestima. Da mesma forma, não é fácil acreditar com a força necessária em algo "invisível" se não temos a autoconfiança desenvolvida.

– Entendo. Está claro que todo o trabalho interior que venho fazendo não é à toa.

– Mas é claro! Já lhe disse que tudo vem de dentro de nós.

Então Daniel fez um de seus silêncios dramáticos que prenunciavam algo importante.

– No entanto – finalmente continuou, me olhando com intensidade –, além de sua capacidade interior, existem certas técnicas que permitem aumentar a força de sua crença e, consequentemente, sua capacidade de materializar todos os seus objetivos.

Voltei a me sentar e novamente peguei a caneta.

– Trata-se de intensificar ao máximo o convencimento de que já tem o que deseja, entende?

Assenti lentamente, mas minha cabeça já revisava cada um dos objetivos que me propus a alcançar. Certamente não seria fácil me convencer de que já possuía todos eles.

– Bem – continuou Daniel –, para conseguir, a única coisa que precisa fazer é focar seus sentidos internos em seu objetivo.

– Meus sentidos... internos?

– Quero dizer que precisa usar sua mente para ver, ouvir e sentir que o objetivo já existe na realidade. Quanto mais se aprofundar e insistir nisso, maior será sua crença e mais rápida será sua materialização. Como já comentei, nesse ponto seus progressos em manter-se concentrado serão determinantes. Vou explicar como se faz isso.

"Para ver seu objetivo, imagine-se, ou seja, visualize-se depois de tê-lo alcançado. Faça como achar melhor. Alguns se veem de fora, como se estivessem vendo um filme. Outros se observam em primeira pessoa. Há quem prefira criar uma imagem congelada, como uma fotografia do exato momento em que conquistou o desejado. Faça como achar melhor, pois o importante é que dedique alguns minutos para tranquilizar sua mente. Para isso, utilize seu exercício de meditação. Quanto mais silêncio mental conseguir, mais poderosa será a imagem criada. Também é importante que diariamente você enriqueça essa visão com novos detalhes e cada vez mais clareza. Tudo isso dará ao seu subconsciente mais realismo e positividade.

"**Para ouvir o objetivo, realize afirmações de poder**. Devem sempre ser positivas e no tempo presente, como se estivesse constatando algo que já aconteceu. Para isso, utilize os objetivos que definiu. Por exemplo, 'sou um médico respeitado'. A maneira mais poderosa de pronunciar essa afirmação é fazê-la de forma conjunta com a visualização. Como em qualquer prática, é essencial perseverar e praticar todos os dias. Dessa maneira, o nível da crença permeará seu subconsciente e você irá se transformando de modo inexorável na pessoa que precisa ser para que seus objetivos se materializem.

"Finalmente, para sentir seu objetivo, adapte toda sua vida física à crença de que o objetivo já está em suas mãos."

– Está dizendo para que eu aja como se existisse em minha vida?

– Exato. Vamos abordar seu objetivo de ser pediatra. Enquanto segue seu plano e dá os passos necessários, viva como se fosse o médico de prestígio que deseja ser. Por exemplo, se voltar à faculdade, que não seja como aluno, mas como alguém que já é o que quer vir a ser. Viva seu cotidiano com a atitude que teria um médico respeitado. Só assim começará a se sentir como um.

– Mas... tem gente que achará louco!

– Que achem! – gritou Daniel entre risadas. – Mas lembre-se de que não estou sugerindo que se engane. Fisicamente, você é um aluno e não deve se esquecer disso. Mas o seu modo de enfrentar as circunstâncias deve ser o de uma pessoa que já alcançou o que busca. Você não precisa acreditar em tudo o que eu digo, Nicolas. Apenas ponha esses conselhos em prática e você mesmo constatará a sua capacidade de materializar seus objetivos!

– O que você propõe é apaixonante! – explodi, sem conseguir segurar mais o entusiasmo. Ouvir Daniel era realmente inspirador, e de repente eu me sentia impaciente para começar a aplicar seus conselhos quanto antes. – Mas ainda tenho outra dúvida. Se esse método é tão infalível, por que não o coloca em prática com mais pessoas?

– Na verdade, existem muitas pessoas que entendem e aplicam esses mesmos conceitos, Nicolas. Você acabou de conhecer um pequeno grupo no Havaí, mas garanto que existem muitos mais.

"No entanto, um número ainda maior de pessoas aplica apenas uma parte do método, exercendo com isso uma influência mínima na hora de materializar o que desejam. Por exemplo, algumas se limitam a visualizar durante algum tempo o que querem. Outras praticam as afirmações de poder e só. Outras ainda definem muito bem seus objetivos e planos de ação, mas não tomam a atitude adequada.

"São passos na direção correta. Mas o verdadeiro poder de atrair a riqueza exterior está em seguir o método completo e com persistência. Continue trabalhando sua riqueza interior em primeiro lugar. A maioria fracassa já neste primeiro passo, que é fundamental. Não me canso de repetir que tudo vem daí! Ao definir corretamente seus objetivos, trace um plano e o coloque em andamento. Nenhum objetivo se materializa por meio da inação. Enquanto se envolve com a ação, reforce diariamente a atitude que lhe permite se desapegar do resultado e sempre creia com firmeza em sua materialização. Para isso, visualize, verbalize e sinta todos os seus objetivos consumados, como expliquei antes.

Ao escutar aquele resumo, outra dúvida surgiu: como saber se eu estava fazendo tudo direito?

— E se eu fizer algo errado? – perguntei, preocupado. – Pode ser que eu ache que estou aplicando bem o método, mas na verdade não estou.

Daniel sorriu ao se espreguiçar em sua grande poltrona de couro.

— Boa pergunta, Nicolas. A resposta é: preste atenção aos sinais.

— Você disse sinais? Vamos voltar ao misticismo de novo...

— Não, homem – o grandalhão negou sorridente. – Vai descobrir que existem dois tipos de sinais que indicarão a você o caminho correto. Um deles é o que chamamos de "coincidência".

– Bem – suspirei –, já falamos sobre a sorte e você me explicou que é algo que nós mesmos criamos, principalmente a partir de nossas atitudes.

– Exato. Na verdade eu acredito que tudo, inclusive as circunstâncias de nossa vida, tem origem em uma causa. E o que chamam de "coincidência" não é exceção. No entanto, quer concorde ou não comigo, se seguir o método de forma correta e ficar atento, cedo ou tarde algum tipo de coincidência aparecerá na sua vida. Alguns chamam de sincronicidade, mas o nome não importa. Simplesmente veja como uma espécie de "pista" que a vida oferece para que não se desvie do caminho.

– Definitivamente, esta parte é um pouco difícil de acreditar.

– Não se preocupe – disse Daniel. – Faz bem manter o ceticismo. Não é a primeira vez que digo que não deve acreditar em mim sem experimentar os meus conselhos e decidir por si mesmo.

A verdade é que meu lado lógico resistia a tudo aquilo. Não me lembrava, em toda a minha vida, de alguma coincidência que houvesse me guiado para alguma direção específica.

"Talvez não estivesse prestando atenção suficiente. Talvez agora seja diferente, pois estou mais consciente..."

— E a segunda? — perguntei, ignorando a voz do meu próprio pensamento. — Você disse que são dois tipos de sinais que indicam o caminho certo.

— Sim. É uma das últimas coisas que precisa saber sobre a atitude correta para materializar a riqueza. Mas esse é um tema de especial importância que prefiro apresentar a você de um jeito mais... prático, em nosso próximo destino.

Fechei meu caderno com certa resignação, mas também por estar esgotado depois de assimilar tantos conceitos. Me acomodei na cadeira e fechei os olhos, disposto a dormir um pouco.

— Falta muito para chegar? — perguntei, já quase dormindo.

— Pode descansar quanto precisar. Completaremos a volta ao planeta e iremos a minha casa.

Abri os olhos imediatamente.

— Sua casa? Mas você não era o "milionário sem teto"?

CAPÍTULO 17

PARA O TOPO

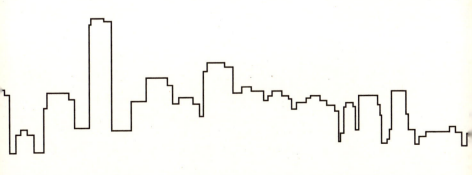

Era uma da manhã.

Quando Daniel me avisou que começaríamos a caminhada "muito cedo", não imaginei que pretendia começar poucas horas depois do pôr do sol.

Caminhávamos na noite escura e fria, avançando lentamente sobre a neve. Tudo parecia indicar que a jornada que nos aguardava era uma subida difícil.

Estávamos na Suíça. Depois de sairmos do aeroporto, fizemos o traslado para o belo povoado de Zermatt. Dali, tomamos um trem de cremalheira até uma estação de esqui. Então caminhamos por uma paisagem espetacular de neve e geleiras até chegarmos a uma cabana feita de pedra e madeira.

— Esta é a cabana Monte Rosa — me explicou ao tirar os grampos das botas. — Descanse quanto puder, pois a diversão está reservada para amanhã.

Enquanto seguia Daniel, que avançava com a lanterna iluminando a trilha, comecei a me perguntar que diabos seria a coisa tão divertida que pretendia me mostrar. Ele só havia dito que passaríamos três dias praticando alpinismo antes de nos dirigirmos até a casa de um de seus filhos em Zermatt, um lugar que considerava sua própria casa e onde nos reuniríamos com o restante de sua família.

As horas se passavam conforme a subida ficava mais íngreme, mas o pior era acompanhar o ritmo forte imposto por Daniel. Me senti imensamente agradecido pelas minhas sessões diárias de exercícios. A minha antiga versão provavelmente teria desmaiado em algum lugar antes de alcançar a cabana.

Paramos pela enésima vez para nos hidratar e comer quando o Sol começava a despontar no Oriente, revelando a paisagem que nos rodeava. O cenário ao nosso redor era incrivelmente belo. Olhei para Daniel tentando encontrar as palavras certas para descrever minha impressão diante daquilo, mas sua expressão de felicidade me fez entender que sentia o mesmo que eu.

— Vamos até aquele cume, Nicolas – disse, entusiasmado. – O Monte Rosa, a montanha mais alta da Suíça. – O grande maciço rochoso a que ele se referia se elevava bem diante de nós. Não parecia estar muito longe, mas eu sabia que em um lugar assim as distâncias podiam ser traiçoeiras. Continuamos a escalada por mais algumas horas, com paradas de apenas alguns minutos. Começava a me sentir realmente esgotado e não parava de olhar o altímetro que Daniel havia me emprestado antes do início da jornada. Estávamos no meio de uma imensa geleira em forma de anfiteatro, a quase quatro mil metros de altura, e eu sabia que ainda faltava muito para alcançar o topo.

Olhei para um dos pequenos montes de pedra à margem do caminho, que alguém havia deixado para guiar outros aventureiros. Me perguntei por quantos eu ainda passaria antes de chegar ao cume.

— Preste atenção somente aos passos que está dando, Nicolas! – disse Daniel, à minha frente. – Concentre-se no que está acontecendo agora e não no que imagina que está para chegar.

Tentei seguir o conselho, e realmente funcionou. O esgotamento continuava, mas logo notei que podia me manter em movimento com menos esforço enquanto parte de mim perdia levemente a noção do tempo. Depois de superar uma borda perigosa, paramos por alguns segundos. Sem perceber, voltei a olhar o horizonte na tentativa de calcular a distância até nosso objetivo. Não gostei do que vi e notei que minha escassa energia escapava de meu corpo a cada onda de desânimo.

— Não sei se vamos conseguir, Daniel — disse, ofegante. — O cume ainda está muito longe!

— Vamos — respondeu meu companheiro extremamente concentrado, como se estivesse falando sozinho. — Estamos progredindo bem, as previsões do tempo são favoráveis, e até o momento você demonstrou habilidade suficiente para não se jogar de nenhum penhasco. Portanto, sinto discordar, meu amigo, mas tudo indica que chegaremos lá em cima sem atrasos! Basta que você continue e não deixe que emoções limitadoras distraiam sua atenção.

Ele simplesmente voltou a caminhar.

...

Segui seus passos tentando me concentrar na única coisa que podia: andar e respirar, andar e respirar, andar e respirar... Decidi pôr em prática o que havia aprendido sobre concentração e foquei minha atenção nessas duas ações primárias. De algum modo, consegui me abstrair da altura, do esgotamento, de Daniel e até mesmo de onde eu estava. Nunca havia conseguido me concentrar por tanto tempo em uma ação tão simples como colocar um pé diante do outro.

Logo chegamos a uma pequena planície rochosa. Uma densa neblina se estendia a nossa volta e um vento glacial fazia a neve rodar aos meus pés. Embora a névoa não me permitisse ter certeza, sem dúvida estávamos no topo.

Eu consegui!

Desmoronei no chão com um grunhido entre exausto e satisfeito por todo o esforço que me fez chegar até lá. Certamente, quando a neblina se dissipasse, poderíamos desfrutar de uma paisagem fabulosa.

— Mas ainda não estamos no cume, Nicolas! — explicou Daniel, o que me causou um sobressalto. O grandalhão não parava de caminhar e se distanciava do lugar onde eu estava sentado. Desapareceu rapidamente por entre as brumas. — Não pare... não pare... Nunca pare antes do fim!

Eu precisava me levantar e seguir o caminho.

O problema é que meu corpo parecia discordar da ideia. Meus pés e pernas doíam terrivelmente, e os dedos das mãos estavam adormecidos. Provavelmente eu teria de amputá-los caso estivessem congelados.

Mirei o lugar por onde Daniel havia desaparecido. Talvez ali não fosse o cume, mas parecia uma opção muito mais sensata do que continuar escalando. Sabia Deus por quanto tempo mais.

"Sim", pensei ao pressionar os punhos e os dentes, obrigando meu corpo a ficar ereto novamente. "O melhor é ficar aqui e esperar. Mas você já passou por isso, não é? Já sabe o que significa ficar sentado e deixar que a vida passe por você. Me recuso a perder mais oportunidades em nome da sensatez!"

Consegui ficar em pé com um esforço indescritível. Minhas pernas tremiam pelo esforço e meus pulmões pareciam não se saciar com o ar dali. Era algo interminável. Meu corpo exigia, em seu doloroso idioma, que eu me sentasse novamente para descansar.

Passo a passo segui as pegadas de Daniel até que, poucos metros adiante, encontrei uma trilha por onde a escalada parecia continuar.

Continuei, pé ante pé, tentando recuperar a concentração. Com o passar do tempo, voltei a perder o foco enquanto avançava lentamente no ritmo de minha respiração fatigada. Passei por várias demarcações que confirmavam o trajeto até o verdadeiro cume.

Finalmente uma mão pousou com firmeza sobre meu ombro e parei a marcha. Daniel estava à minha frente, com uma expressão solene, me convidando a olhar ao nosso redor.

– Pronto, meu amigo! Estamos no pico Dufour. Este é o seu topo, Nicolas – disse meu companheiro. – Estou muito orgulhoso.

Agora sim havíamos chegado.

Os Alpes suíços e italianos se estendiam diante de nós como um majestoso mar branco de ondulações infinitas. Olhei o altímetro intuitivamente: 4.630 metros.

Lágrimas desceram pelo meu rosto gelado. Nunca me senti tão perto do céu.

...

– Que conclusões você tirou dessa experiência?

Uma agradável fogueira crepitava diante de nós e uma caneca fumegava em nossas mãos. Estávamos novamente na cabana. Eu sabia que a pergunta tinha relação com meu aprendizado, por isso meditei alguns instantes antes de responder.

– Foi de grande ajuda a capacidade de concentrar-me somente no que era possível controlar – afirmei.
– Foi incrivelmente útil. De fato, pude comprovar em diversas ocasiões que sempre que minha mente se concentrava na distância que faltava, a fraqueza se apoderava de mim.

Daniel concordou e me incentivou a continuar.

– Por outro lado, a experiência de alcançar o cume foi extremamente emocionante, Daniel. Acho que sempre me lembrarei como um dos momentos mais felizes da minha vida.

– Todo topo conquistado, todo tesouro descoberto sempre supera nossas maiores expectativas. A escalada de hoje simboliza com perfeição o caminho de transformação que deverá trilhar para conseguir materializar seus objetivos. Poucos dias atrás falei dos sinais que indicam o caminho correto.

– Sim, as coincidências...

– Exato – continuou Daniel ignorando meu tom cético. – As coincidências que aparecerão se assemelham aos demarcadores de pedras que fomos encontrando ao longo da rota até o cume. São valiosos pontos de referência que nos ajudam a seguir no caminho certo. O segundo tipo de sinal a que deve estar muito atento são os problemas.

— Ora, por essa eu não esperava — reconheci, surpreso.

— As dificuldades que surgem durante o processo de atingir nossos objetivos se parecem com o aclive que superamos até chegar ao topo. São as reações lógicas ao processo natural de mudança que precisamos experimentar.

— E, quanto mais avançamos, mais intensa é a tentação de abandonar a subida.

— Exato. Por isso é muito importante entender a verdadeira natureza das dificuldades que surgem conforme seguimos nosso plano de ação. A subida desencoraja e cansa, mas o andarilho consciente sabe que isso significa que está subindo e, portanto, aproximando-se de seu objetivo. Da mesma forma, todo problema é uma boa notícia, **pois sinaliza que estamos vencendo as forças antagonistas que nos separam de nosso objetivo**.

"Leve também em conta que quando faltar pouco para chegar ao topo, surgirá um grande problema derradeiro, o último e mais difícil desnível da escalada.

Provavelmente virá de onde você menos espera, mas deve vê-lo como um sinal de confirmação de que seguiu o caminho correto e de que sua meta está muito próxima. Nesses momentos, sua mente lhe dirá que tudo está perdido e lhe apresentará uma vasta gama de argumentos muito convincentes. Lembre-se de que ninguém o conhece melhor do que sua própria mente, portanto será muito provável que você se convença. Por isso é muito importante estar prevenido e consciente disso tudo!

Me lembrei dos últimos metros da subida e o terrível esforço que fiz para prosseguir caminhando depois de ter me convencido de que já havíamos chegado ao nosso destino. Naqueles momentos de angústia eu só pensava que não conseguiria. No entanto, continuei a caminhar.

– Lembre-se de que essa grande dificuldade é a melhor notícia de todas. É o sinal mais claro de que seu objetivo o aguarda logo depois disso. Por outro lado – enfatizou Daniel –, também deve levar em conta que, quanto maior o problema, mais glorioso será o objetivo que se oculta.

"Embora a aparência desses problemas tenha variações infinitas, eles sempre tentarão convencê-lo da mesma coisa: 'Existe algo fora de você, uma coisa que não pode resolver e que é maior que a sua capacidade. Não pode fazer nada para vencê-lo. Tudo está perdido. Desista!'."

— Foi exatamente assim que me senti — concordei, fascinado. — Mas o que fazer quando chegamos a esse ponto?

— Exatamente o que você fez hoje: seguir respirando e avançando. Respirar é manter as rotinas que nos permitem dispor da energia de que precisamos para continuar. O estado de sua energia nunca será tão importante! Nos momentos de dificuldade você estará ainda menos disposto a cumprir seus exercícios, e é quando mais precisará se ater a eles. Cuide de sua energia física como um tesouro sagrado. Revise seus estados emocionais e cuide corretamente das emoções limitadoras e desgastantes. Concentre sua mente no que está ocorrendo no momento presente e não em desgraças que talvez nunca se concretizem.

— Eu diria que poucas coisas me fizeram perder mais tempo do que as preocupações — refleti. — O pior de tudo é que esse sofrimento nunca me serviu de nada. As coisas que mais me preocuparam jamais aconteceram!

– A preocupação é uma das formas mentais que nascem do medo – explicou Daniel. – Não se trata de ser imprudente ou ignorar o medo, mas de focar sua mente no único lugar onde ela pode ser útil.

– O momento presente.

– Correto! Sabe o que todos os samurais mais conhecidos tinham em comum? Antes da batalha aceitavam em seu interior a pior das possibilidades, ou seja, a morte e a derrota. Depois disso, esqueciam-se por completo daquilo e enfrentavam o presente com uma ideia fixa em sua mente: a vitória certa.

– Entendo o que quer dizer. É verdade que aceitar a pior das possibilidades pode nos dar certa tranquilidade.

– Isso. Mas lembre-se da segunda parte: depois se esqueciam disso. Já está aceito! O que vier, virá. Só importa o que acontece no presente. Se for pensar em algo, pense que já conseguiu tudo o que havia se proposto. De fato, esta é a segunda questão que precisa ter em mente no caminho para o seu objetivo, além de manter sua energia.

– A segunda questão? – perguntei um tanto confuso.

– Continuando com a analogia, além de respirar é preciso continuar caminhando. **Ou seja, jamais**

pare, por mais que a subida íngreme tente fazê-lo desistir.

"Isso significa manter com vontade inabalável a atitude adequada que está produzindo a materialização dos objetivos. Não importa a aparência do grande problema final. Visualize, verbalize e sinta cada manhã e cada noite. Caminhe! Não como quem escala uma subida penosa, mas, sim, como quem passeia pelo cume conquistado.

"Se conseguir se manter assim por tempo suficiente... e sempre será menos tempo do que imagina... a beleza do topo será sua. Você se transformará em alguém um pouco melhor. Em alguém mais... poderoso.

CAPÍTULO 18

UMA FAMÍLIA

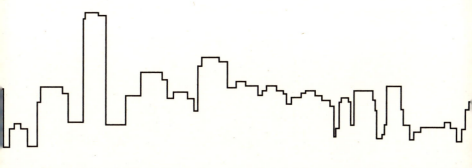

Depois de passarmos a segunda noite na cabana Monte Rosa, tomamos o caminho de volta para a cidade de Zermatt. Daniel me explicou que era o aniversário de seu filho mais velho. A data havia se tornado pretexto para uma reunião de família que acontecia rigorosamente todos os anos.

Também me contou que ali seria o final de meu processo de treinamento.

Saber disso me deixou em um estado de estranha euforia, pois significava superar o que sem dúvida foi o maior desafio da minha vida. Fiquei também um tanto hesitante, tomado por dúvidas quanto ao meu futuro imediato.

Quando saíamos do trem, um pequeno e silencioso carro elétrico parou a nossa frente.

– Querem carona? – brincou a motorista.

Quando olhei atordoado para a mulher, percebi que as incômodas emoções que me pesaram em toda a descida haviam desaparecido por completo, como que levadas por uma brisa morna.

Era Elisa.

Depois dos abraços de boas-vindas, entramos no veículo e saímos pelas bucólicas ruas de Zermatt. No banco de trás, eu observava fascinado a mulher de cabelo loiro que trocava gracejos e sorrisos com seu pai enquanto dirigia.

Então me dei conta: desde que entramos no carro, mal fui capaz de balbuciar meia dúzia de palavras sem muita coerência. Meu Deus! Aquela mulher me fazia sentir como um adolescente.

Uma luz de advertência se acendeu em algum lugar da minha mente, indicando a possibilidade de eu estar apaixonado por aquela médica, o que só aumentou minhas dúvidas sobre o futuro. Era um pensamento ao mesmo tempo excitante e aterrorizador, já que um dos meus objetivos mais claros era o de reatar com minha ex-mulher.

Olhei para a janela, tentando mudar o foco de minha atenção. Praticamente não havia trânsito, e os poucos carros eram elétricos.

— Aqui eles se preocupam muito com o meio ambiente — Elisa comentou de repente, me olhando pelo retrovisor com uma expressão um tanto preocupada. Em seguida bateu repentinamente no ombro de seu pai.

— Acorda, papai! Parece exausto. Não me diga que o fez subir até Dufour.

— Isso mesmo — havia orgulho em sua voz. — E ele fez uma trilha perfeita.

— Bravo! — exclamou a mulher, sorrindo novamente pelo pequeno espelho. — Nem todo mundo consegue, sabia?

— Bem — interrompeu Daniel, justificando —, nem sempre damos sorte com o clima. No ano passado pegamos uma tempestade horrível. Chegar até a cabana já foi um grande desafio para o rapaz.

Do banco traseiro, olhei confuso para pai e filha. Tive uma incômoda constatação:

— Você está dizendo... que não foi a primeira vez que fez isso? – indaguei.

Os dois trocaram um olhar cúmplice.

Daniel virou-se no banco e olhou para mim.

– Eu lhe disse que já há algum tempo me disponho a encontrar pessoas preparadas para oferecer suas faculdades ao mundo. Por isso compartilho com elas as leis da verdadeira riqueza. Desde que me aposentei parcialmente, dedico aproximadamente um ano para cada pessoa. Reconheço que alguns precisam de mais tempo, mas até agora minha intuição nunca falhou – afirmou, satisfeito. – Todos conseguiram aprimorar suas capacidades pessoais e alcançaram seus objetivos de vida mais ambiciosos.

Olhei para ele em silêncio, meio desorientado e sem saber o que dizer. Por algum motivo, gostei de ouvir aquilo.

Tentei dar atenção a esse sentimento desagradável, como aquele homem me havia ensinado. Compreendi que o que sentia era fruto do meu desejo de ser alguém especial, reconhecido e respeitado por suas conquistas.

Tinha que admitir que me sentia decepcionado por ser apenas mais um dentro da complexa rede de pessoas influenciadas pelo carismático Daniel Wheelock. No entanto, pensei também que poderia evitar que aquele sentimento me dominasse, bastava querer.

Enquanto eu meditava sobre aquilo, pai e filha ficaram em silêncio, e notei os olhos de Elisa me observando atentamente.

•••

Alguns minutos depois o carro parou. Estávamos em frente a um espetacular chalé de vários andares, construído na encosta de uma pequena colina nevada, nos arredores da cidade. Toda a estrutura era feita de madeira, pedras e vidro, e uma convidativa iluminação vinha de seu interior.

Consegui apenas sorrir ao ver a enorme e luxuosa mansão. A dura subida até a montanha me fez esquecer que estava com uma das famílias mais ricas do planeta.

Entramos em uma ampla e acolhedora sala de estar. Em seu interior, várias pessoas conversavam com coquetéis nas mãos. Muitas delas se aproximaram para nos receber, e, enquanto eu as cumprimentava, percebi que o lugar exalava um clima de cordialidade e companheirismo.

Pensei que aquelas pessoas provavelmente não tinham os mesmos vínculos profundos e surpreendentes que uniam os membros do Clube dos Extraordinários, mas todos pareciam muito relaxados, e era evidente o carinho que sentiam por Daniel.

O excêntrico milionário começou a conversar alegremente com um sujeito alto e corpulento, que depois se apresentou como seu filho mais velho. Me diverti ao notar as claras semelhanças entre ambos, inclusive a mesma risada ruidosa. Depois das apresentações iniciais, um homem baixo de óculos pretos e tipo intelectual me sorriu com intimidade, aproximando-se de mim. Quando fui me apresentar a ele, percebi que já o conhecia.

— Muito bem, Nicolas, seu aspecto está muito melhor do que da última vez que o vi – disse o jovem, com um firme aperto de mão.

— Você... é o cara do cartão de visitas! – exclamei, recordando a distante manhã da ressaca. Imediatamente me veio à memória minha imagem lamentável, de cueca e péssimo humor.

— Eu mesmo – confirmou, com um aceno de cabeça. – Muito bom falar com você novamente.

— Me desculpe pelo modo como o tratei. Digamos que não estava no meu melhor momento naquele dia – reconheci, um tanto envergonhado.

– Não tem problema! Eu entendo, pode ter certeza. Sei bem como é ressurgir das próprias cinzas. Fui o último pupilo de Daniel. Antes de você, claro.

– Sei. Na verdade, acabei de ficar sabendo – reconheci, ainda um pouco surpreso. – O Daniel também não lhe contava quase nada sobre o que esperar do treinamento?

O rapaz pareceu achar a pergunta muito engraçada.

– Comigo não foi nem um pouco assim – respondeu, rindo. – Uma das formas como eu costumava me esconder era fechar os olhos para qualquer dificuldade que aparecesse. Para mim, se eu não enxergasse o problema, ele não existia. Por isso, durante minha preparação, Daniel me informava com antecedência e com o máximo de detalhes todas as provas que eu deveria superar. Não foi fácil, mas me fez ter confiança para enfrentar qualquer obstáculo, em vez de simplesmente ignorá-los.

O jovem pareceu refletir, como se estivesse ponderando se deveria dizer algo mais.

– Os métodos de Daniel não são muito ortodoxos – continuou, finalmente. – Mas tudo o que ele faz é com boa intenção, e não se pode negar que ele é um excelente instrutor. Todos nós aqui fomos ajudados por ele, de uma forma ou de outra. Com o tempo compreendi que, depois de ter perdido grande parte de sua família, nosso amigo soube se cercar de quem o valoriza e o ama.

Observei com atenção todos aqueles desconhecidos conversando entre si. Fui tomado por uma súbita desconfiança. O que Daniel quis dizer quando falou de "família"? Quem era aquela gente, afinal?

Olhei para meu interlocutor com certo receio.

– Você trabalha para ele? – perguntei.

O rapaz ficou em silêncio por alguns instantes, me olhando com atenção. Notei um traço de compaixão em sua expressão, a mesma compaixão que me mostrou em nosso primeiro encontro.

– Trabalho – confirmou. – Mas se você está pensando que os Wheelocks criaram alguma seita ou coisa do tipo, está muito enganado. Digo porque isso também me passou pela cabeça quando estive nesta casa pela primeira vez, provavelmente tão desorientado quanto você. Não sei que tipo de acordo Daniel lhe ofereceu, mas você é completamente livre para escolher seus próximos passos. Comigo foi assim, e também com todos os que receberam seus ensinamentos.

Eu me lembrei de que também tinha uma decisão a tomar. Daniel me havia oferecido um cargo em alguma de suas muitas empresas, ao final do treinamento que eu estava quase terminando. Foi esse o motivo que me trouxera até ali em primeiro lugar, mas o tempo havia passado muito rápido. Nossa volta ao mundo e todas as experiências que eu vivi quase me fizeram esquecer.

Respirei fundo e tentei relaxar um pouco.

— Desculpe mais uma vez pelos meus... modos. Achei que tinha aprendido a lidar com as constantes surpresas do grandalhão, mas parece que não.

— Não tem problema — respondeu o jovem, sorrindo e me dando amigáveis tapinhas no ombro enquanto cumprimentava um casal de convidados. — Como lhe falei, todos aqui entendemos o que você está passando.

Enquanto o jovem se afastava, Elisa surgiu com um coquetel na não.

— Não me olhe assim — exclamou com uma expressão fingida de espanto. — Não tem álcool, e eu preparei com todo carinho.

— Sendo assim... — Aceitei a bebida com um sorriso acanhado e fomos para uma das grandes janelas do salão. Dali, a cidadezinha iluminada de tons verdes e alaranjados formava uma paisagem mágica.

Ficamos em silêncio alguns minutos, bebendo e apreciando a vista.

– Sabe de uma coisa? – ela disse finalmente. – Você acabou de conversar com o analista financeiro em quem meu pai mais confia. Há apenas pouco mais de dois anos ele era um matemático desempregado, fechado em si mesmo e com sérias dificuldades de se relacionar com os outros.

– Você está falando do... – Olhei para o jovem intelectual com quem tinha acabado de conversar. Estava falando com três outras pessoas, com desenvoltura e claramente descontraído. – Uau – murmurei, achando graça. – Parece que seus problemas de comunicação melhoraram bastante.

– Bem, todos aqui dão muito valor ao autodesenvolvimento – Elisa disse, rindo de meu comentário.

– Todos fizeram o treinamento com Daniel? – indaguei. Ainda era difícil assimilar o fato de que toda aquela gente havia passado pelo mesmo que eu.

– Nem todos da mesma maneira – esclareceu. – Mas receberam os ensinamentos de meu pai de alguma forma. Somos como uma família estranha, e Daniel é o nosso elo.

– Entendi...

– Você ainda não sabe o que diabos está fazendo aqui, não é? – me perguntou de repente.

– Nem um pouco – confessei. – Quando conheci Daniel, eu só queria encontrar um emprego e recuperar minha vida. Mas agora...

– **Agora você é outro** – atalhou com doçura. – Sabe de uma coisa? Qualquer um pode conseguir a verdadeira riqueza se realmente se propuser a isso. Só que meu pai seleciona pessoas que também tenham algum potencial que possa ser usado pela sua equipe de colaboradores altamente confiáveis. É uma qualidade que ele enxerga facilmente nos outros – acrescentou, encolhendo os ombros.

Olhei mais uma vez para o acolhedor salão onde estávamos e para todas aquelas pessoas. Será que eu queria mesmo fazer parte daquilo?

– Para falar a verdade, ainda não tenho certeza se tenho o que seu pai acha que viu em mim.

Elisa me olhou intensamente por alguns segundos, antes de responder.

– Eu vi pessoalmente a forma como você segue sua vocação. Em meu trabalho também tento me cercar de pessoas verdadeiramente apaixonadas pelo que fazem. Acredite em mim, vi poucas pessoas que amam tanto sua profissão quanto você. Tenho certeza de que meu pai também viu essa qualidade latente dentro de você.

Elisa pôs a mão sobre a minha e me olhou nos olhos.

– Vou entender qualquer decisão que você tomar. Mas... – hesitou um pouco – tenho que confessar que... ficaria muito feliz se pudéssemos trabalhar juntos.

Fechei sua mão lentamente dentro da minha e tentei sorrir e corresponder a sua demonstração de afeto. Mas a lembrança do rosto de Sara, a mulher com quem dividi praticamente toda a minha vida, me fez baixar os olhos.

Por que eu tinha tantas dúvidas? Não estava claro o que eu queria? Elisa soltou minha mão suavemente e me vi refletido em seus grandes olhos azuis.

– Não se torture, Nicolas. Sei que está passando por muitas mudanças. Você precisa de tempo. Tempo para conseguir assimilar tudo. E eu sou uma mulher paciente.

Olhei para ela, concordei e finalmente consegui corresponder a seu sorriso. Mesmo sem dizer nada, queria que ela tivesse a certeza de que naquele exato momento ela estava em meu coração. A profunda certeza de que, apesar de meus temores, nossos destinos andavam de mãos dadas desde o dia em que nos conhecemos.

Ela me olhou, me deu um ligeiro sorriso... e entendi que ela também sabia.

∙ ∙ ∙

O jantar foi surpreendentemente agradável e descontraído.

Todos conversaram comigo, e, como o jovem matemático com quem falei logo ao chegar, a maioria parecia conhecer bem a confusão de um "recém-chegado".

Alguns me contaram aventuras incríveis, muitas vividas em seus próprios processos de aprendizado com Daniel. Outros falaram sobre sua vida, as mudanças por que passaram e até mesmo sobre seus objetivos.

Graças à honestidade e simpatia com que fui recebido, logo me senti à vontade para contar um pouco do que tinha vivido.

Falei sobre a experiência no Quênia e sobre como os nativos turkana dançaram ao redor do poço perfurado. Todos riram quando relatei minha atrapalhada chegada a nado à ilha deserta. Discutiram sobre a importância dos valores pessoais quando contei sobre Jiro e seu restaurante de sushi. E ouviram com um silêncio respeitoso quando mencionei o Clube dos Extraordinários.

Absolutamente ninguém me julgou ou disse o que eu deveria ou não fazer, embora todos parecessem compreender minha situação perfeitamente. Me trataram como um novo membro daquela estranha família.

Quando alguns convidados começaram a ir embora, Daniel me convidou para conhecer o andar de cima. No centro da sala havia um grande telescópio.

– Nossa! – exclamei, admirado. – Você não me contou que também gostava de astronomia.

– É um *hobby* do meu filho. É apaixonado pelas estrelas desde criança – explicou, orgulhoso, esticando-se em um dos diversos divãs da sala.

Fiz o mesmo, e ficamos calados admirando a trilha mágica de luz difusa que era a Via Láctea.

– Não sei o que fazer, Daniel – finalmente confessei, depois de um suspiro profundo. – Estou confuso... pelo fato de estar confuso assim!

– Isso é completamente normal, meu amigo. Lembra-se de nossa primeira conversa? Naquela ocasião falei sobre as diferentes fases de uma crise. Você já superou três das cinco fases, e agora está na chamada "paralisia".

– Paralisia... quando você sabe o que quer e o que deve fazer, mas ainda assim não toma nenhuma ação para isso – disse, lembrando a explicação de Daniel. Parecia que toda uma vida havia se passado desde os ensinamentos do sábio milionário.

– Exatamente. Seu mundo interior se ampliou consideravelmente e você já tem todos os conhecimentos necessários para materializar seus sonhos. Sabe que já tem tudo de que precisa para tomar as rédeas de sua vida, e, por incrível que pareça, isso causa muito medo. E aí está a causa inconsciente de sua confusão, de sua paralisia.

"Entenda que você está apenas passando por um período de transição, por isso tome o tempo que precisar. Você já completou o processo de treinamento necessário para ser parte de minha equipe e, portanto, deve saber que minha oferta continua de pé."

– Mas... sinto que ainda tenho que tomar decisões importantes – protestei, sem disfarçar minha ansiedade.

– Isso mesmo. Mas talvez não deva tomá-las agora. Eu falei que após terminar seu treinamento você deveria enfrentar novamente seu passado e transformá-lo.

Por isso, volte para casa, meu amigo. Trabalhe nos objetivos que definiu, seguindo as instruções que já conhece e mantendo-se atento ao que acontece a sua volta. **A vida indicará a você o caminho que deve seguir, Nicolas. Ela sempre indica.**

— Você está falando dos sinais — respondi com um suspiro, me sentindo muito cansado de repente. Sabia que se referia às coincidências nas quais eu custava a acreditar, mas também às dificuldades que eu enfrentaria. Era disso que eu tinha tanto medo?

— Acho que o que me preocupa é não conseguir ser feliz depois de tudo — murmurei para mim mesmo.

Pensei que Daniel não houvesse escutado, mas, depois de um longo silêncio, ele virou lentamente seu rosto para mim e me lançou um olhar profundo.

— Sua preocupação é se será feliz depois de conseguir o que definiu para você, mas ainda não se deu conta de que você já é. Essa é a armadilha mais perigosa que nosso ego cria. Entenda que simplesmente alcançar seus objetivos não lhe trará felicidade real e duradoura.

Olhei para Daniel sem entender.

— Mas eu achei que conseguir riqueza exterior também fosse um passo necessário.

— E é. Para crescer e evoluir nessa escola chamada vida, você precisa materializar todos os seus sonhos. Ainda assim, a verdadeira felicidade não se conquista, ela já está dentro de você por natureza. Sempre esteve a sua disposição, acompanhando você e esperando que tenha a sabedoria de reparar nela. Esse é o verdadeiro significado da famosa frase "A felicidade não é uma meta, mas, sim, o caminho".

— Então o caminho é... o desenvolvimento da riqueza interior? — arrisquei, sem pensar muito no que estava dizendo.

— Isso mesmo. A meta é simplesmente a manifestação concreta de nossos objetivos e é o último passo, necessário e natural. Afinal, nossos objetivos já foram alcançados em nossos níveis mais sutis.

"O problema mais comum é que ficamos cegos tentando alcançar essa tal meta e esquecemos de nossa capacidade inata de perceber a felicidade autêntica, disponível no momento presente. Quem fica obcecado com a busca não consegue apreciar o que já tem. E, como eu disse, você já tem o necessário para se sentir bem, Nicolas."

Ficamos novamente em silêncio, contemplando o firmamento. Apesar de suas palavras, ainda sentia uma inquietude se agitar dentro de mim.

Sempre me considerei muito independente, mas, depois daqueles meses aprendendo com aquele homem, parecia difícil enfrentar qualquer dificuldade sem tê-lo por perto.

— Acontece que... — hesitei, tentando encontrar as palavras certas.

— Acontece que você ainda tem medo — concluiu.

— Sei que preciso enfrentar meus temores, como você me ensinou. Mas talvez eu tenha sido ambicioso demais quando formulei meus objetivos. Talvez eu não precise de tanto...

Daniel sorriu brevemente, mostrando que entendia como eu me sentia.

— Como eu falei, é natural que você esteja paralisado por seus medos neste momento. O medo de não ser feliz, o medo de fracassar... Confie em mim, meu amigo. São apenas nuvens passageiras sobre o sol interior que você alimentou corretamente. Lembre-se da trilha subindo a montanha — disse apontando para o céu, como se o cume que conquistamos estivesse junto das estrelas. — Você também tinha certeza de que não conseguiria. É o momento de fazer um último esforço para adaptar sua vida à pessoa que você quer ser. Já sabe o que precisa fazer. Para alcançar seus objetivos, mantenha a atitude correta e faça todos os dias os exercícios que mantêm sua energia interior.

– Mas, desta vez, terei que enfrentar sozinho... – murmurei para mim mesmo.

Daniel assentiu lentamente com a cabeça e, levantando-se do divã, colocou a mão sobre meu ombro.

– Posso lhe garantir que você está preparado, meu amigo.

Olhei para o mestre mais importante da minha vida e, por um momento, pensei ver o brilho das constelações cintilando em seus olhos. Quando ele piscou, vi apenas uma coisa em seu olhar: uma confiança esmagadora.

CAPÍTULO 19

UMA NOVA VIDA

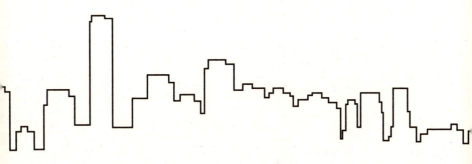

"Hospital Psiquiátrico", dizia o grande letreiro sob o qual meu táxi estacionou. Olhei para a entrada do edifício cinzento. A estrutura tinha um ar sombrio e deprimente, e tive vontade de me distanciar o máximo possível. Depois que deixei Daniel na Suíça, meu estado de ânimo não era dos melhores, e entrar em um lugar daqueles era a última coisa que eu queria.

Lembrei de nossa última conversa. A despedida fora breve e um pouco confusa. Tentei dizer algo tocante, palavras que pudessem exprimir minha gratidão por tudo o que ele havia feito por mim. Mas o homenzarrão facilitou tudo e me deu apenas um de seus efusivos abraços, gargalhando.

– Não importa o que venha a fazer no futuro, meu amigo – me disse. – Você agora é parte da família, e não tem por que se despedir de alguém que você leva dentro do coração.

Ao final, e pela primeira vez desde que o conheci, me pediu um favor.

– Gostaria que você entregasse isso a minha próxima aluna – disse, me dando um pequeno cartão. – Se chama Claudia León. Apenas diga que eu mandei isso e que gostaria de conhecê-la. Ela está passando por momentos difíceis, mas tente usar sua intuição para enxergar além das aparências. Considere como... a última prova de seu treinamento – acrescentou.

Desci do táxi determinado. Depois de tudo o que eu havia vivido e aprendido no último ano, não era uma simples entrega que me impediria de finalizar oficialmente minha formação.

Entrei no edifício lúgubre e me dirigi à pequena recepção. Perguntei pela pessoa que procurava. De trás do balcão, uma mulher de aspecto abatido me recebeu com uma expressão ao mesmo tempo antipática e entediada.

– Veio ver a senhora León?

Percebi uma ligeira surpresa em seu tom monocórdio.

– Isso mesmo. Se não for incômodo.

A mulher continuou me olhando em silêncio por alguns segundos, então digitou algo habilmente no teclado do computador.

– O único incômodo é o senhor ser sua primeira visita em todo esse tempo – disse, finalmente, depois de um suspiro profundo. – Primeiro piso, final do corredor.

Seguindo as indicações, cheguei a uma grande sala de azulejos brancos. Um heterogêneo grupo de médicos residentes estava reunido em frente a uma pequena televisão sem som. Ninguém pareceu notar minha chegada, exceto por um paramédico que lia uma revista com expressão sonolenta. Perguntei a ele sobre a mulher que estava procurando.

Foi quando eu a vi.

Naquele instante, duas certezas se acenderam dentro de mim. Não eram conclusões tiradas de uma observação. Eram duas convicções claras, absolutamente irracionais, nascidas em algum lugar profundo de minha mente.

A primeira certeza era que a mulher olhando pela janela, sentada no canto daquele salão, era quem eu estava procurando. A segunda era que aquela pessoa não se encaixava em nenhum lugar... seu caminho era outro.

Respirei fundo e fui até ela em silêncio, sentindo o olhar fixo do paramédico em minhas costas.

— Claudia? – disse em voz baixa quando parei a seu lado. Algo me fez entender que não era prudente falar abertamente naquele lugar.

A mulher sequer piscou. Continuou olhando a janela que dava para um pequeno jardim.

Estava a ponto de chamá-la outra vez, quando virou seu rosto lentamente e olhou para mim. Os ossos de seu crânio se pronunciavam por debaixo da pele, criando feições duras e angulosas. Seus grandes olhos negros saltavam por cima de olheiras de quem há muito não dormia. Usava um lenço preto sobre a cabeça e uma mecha rebelde de cabelos grisalhos lhe caía sobre a testa.

Nunca havia visto um olhar com tanta dor.

Sem dizer uma palavra, virou novamente seu rosto para a janela.

— Eu me chamo... Nicolas – disse, depois de hesitar um pouco, certo de que estava falando com alguém que não tinha o menor interesse no que eu tinha para dizer.

Tomei fôlego, abri a boca, mas não havia o que dizer. Me sentei a seu lado... e também olhei pela janela.

Lá fora, alguns ciprestes dançavam lânguidos ao sabor do vento, e eu sentia cada vez mais a fria tristeza que emanava da mulher ao meu lado.

Permaneci assim um bom tempo, até que enfim encontrei as palavras que queria.

– Eu não a conheço e não sei o que aconteceu com você – disse em voz baixa, ainda olhando pelo vidro. – Ainda assim, entendo sua dor. Sei também que neste momento você não tem nenhum interesse pelo que eu possa dizer, mas peço que ouça isto: **este não é seu lugar, e você não é o que está sentindo agora**.

Fiz uma pausa e voltei a olhá-la, tentando encontrar alguma reação, mas parecia completamente alheia ao mundo a seu redor.

– Ele a ajudará – acrescentei com um último sussurro, colocando o cartão de Daniel sobre uma pequena mesa ao seu lado.

Levantei-me e saí. Não havia mais nada que eu pudesse fazer.

...

Vaguei pensativo por um bom tempo, até que finalmente um sorriso me veio aos lábios.

Apesar do mundo sombrio no qual a pobre mulher estava imersa, alguém muito especial a ajudaria a encontrar sua própria luz. Depois de receber os ensinamentos de Daniel Wheelock, ela certamente conheceria a verdadeira riqueza e construiria uma nova vida.

Um tilintar de chaves chamou minha atenção. Olhei ao redor e reconheci as ruas aonde tinha chegado sem sequer me dar conta. Um homem de terno e gravata abria a porta de uma agência bancária, e eu parei à sua frente.

Demorou alguns segundos para me reconhecer, como se não acreditasse que eu era o homem que ele demitira havia um ano. Ele estava nitidamente preocupado, e entendi que esperava alguma acusação ou ataque de minha parte.

Mas não havia o menor traço de rancor dentro de mim.

Nos tensos segundos em que permanecemos frente a frente em silêncio, só consegui pensar em qual seria a probabilidade de aquele encontro ter acontecido ali, naquele momento.

Então entendi o que realmente estava acontecendo.

– Tenha um bom dia. – Eu me despedi com toda a cordialidade do emudecido bancário.

Segui meu caminho, sorrindo pela coincidência e com a certeza de que meus passos estavam sendo guiados para uma nova vida.

EPÍLOGO

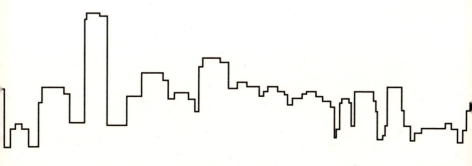

"**N**em em seus maiores devaneios você poderia imaginar que um dia seria tão imensamente rico."

Repito essas palavras, ainda olhando meu reflexo no espelho do banheiro. A lembrança dos dias em que aprendi como alcançar a riqueza passa fugaz por minha mente, renovando minha satisfação.

Ouço o passo abafado de pés descalços aproximando-se e braços quentes e nus envolvem minhas costas.

— Vai chegar atrasado no trabalho, doutor Sanz — a mulher me sussurra aos ouvidos.

Pelo mesmo reflexo com moldura dourada, seu rosto agora está ao lado do meu. É verdade, meu amado trabalho me espera. Sorrio para ela e coloco minha mão sobre a sua.

Elisa vai até a grande janela do banheiro e a abre completamente. O Sol desponta no horizonte, e uma agradável brisa marinha invade o local. De onde estou posso ver o jardim que circunda nossa casa. Mais além, um caminho estreito se perde entre as árvores até encontrar a pequena e solitária praia onde pratico meus exercícios todas as manhãs.

Penso novamente no passado.

Não foi fácil admitir que não amava Sara, tampouco compreender que minha relação com ela há muito só se mantinha pelo medo da solidão, da mudança e da opinião dos outros.

Voltar para a faculdade também não foi fácil, muito menos decidir voltar à Índia depois que terminei meus estudos.

Depois dos ensinamentos de Daniel, passei a me sentir uma nova pessoa, mais apto em muitos sentidos. Voltar e enfrentar o passado e confrontar todas essas decisões foi o "grande desafio final", do qual meu amigo e mestre havia me advertido. Todas as minhas dúvidas eram apenas a resistência final às mudanças que eu tanto busquei.

A última fase de minha crise pessoal.

Pouco tempo depois, fui vendo todos os meus sonhos se materializando... um a um. **Minha vida começou a se transformar em algo novo e fascinante.** De modo quase imperceptível no começo, e depois a uma velocidade vertiginosa que também tive que aprender a assimilar.

Descobri minha vocação e me tornei um pediatra de sucesso. Moro em um lugar paradisíaco, com uma mulher que amo profundamente. Ganho muito mais do que preciso e tenho uma vitalidade e saúde física como nunca antes.

Mesmo tendo conseguido isso tudo, entendo que a verdadeira fonte de minha riqueza são minhas qualidades interiores.

No mundo e na época em que vivemos, ainda não aprendemos a usar nossas capacidades completamente. Depende de nós aprender o melhor modo de lidar com as emoções que nos cegam para o tremendo potencial disponível dentro de cada um.

Às vezes a vida dolorosamente nos arranca o que mais gostamos, mas isso só acontece quando estamos prontos para algo melhor. Cada dificuldade, cada pedra no caminho são oportunidades valiosas para crescermos e nos conectarmos com nosso estado natural de contentamento.

Qualquer um pode alcançar o potencial máximo de sua mente e corpo e acessar a energia ilimitada que tem dentro de si. As ferramentas necessárias para isso estão a nossa disposição, e o momento de começar esse processo de transformação, de nos perguntarmos se gostamos de nossa vida ou se queremos mudá-la, de alcançarmos a felicidade que merecemos... esse momento é sempre **agora**.

Elisa abre os braços e inspira profundamente o ar fresco da manhã. Isso me faz sorrir e reaviva outras memórias. Minha mente tenta novamente escorregar para o passado, mas dessa vez não permito e a trago de volta ao momento presente. Me aproximo da janela e, ao lado de minha esposa, contemplo o lugar onde agora está a nossa vida.

Não sei quais experiências ainda me aguardam, mas aprendi que os únicos limites são os que nós mesmos criamos. Cada um de nós, cada ser humano, sem exceção, pode se transformar em algo maravilhoso, em alguém extraordinário.

Enquanto contemplo o Sol se erguendo a nossa frente, uma poderosa constatação surge em meu interior, dando forma a uma absoluta certeza que, por alguns segundos, preenche minha mente: "Todos nós podemos nos tornar 'os mais ricos do mundo'".

SUA OPINIÃO É MUITO IMPORTANTE

Mande um e-mail para **opiniao@vreditoras.com.br**
com o título deste livro no campo "Assunto".

1ª edição, ago. 2019
FONTE Architecta 40/36pt e ITC Berkeley Oldstyle 12,5/19pt
PAPEL Holmen Book 60g/m²
IMPRESSÃO Geográfica
LOTE G90174

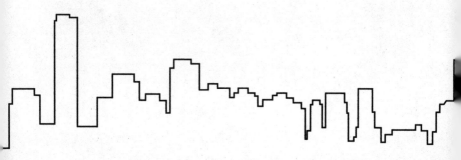